暗黑
親情

Preface
作・者・序

厭倦了自以為是的愛與包容嗎？受夠了長輩親屬間的情緒勒索嗎？

在各種不同的法律領域範疇中，一般觀念認為家事律師總是較有耐心及愛心——正向且溫暖，商務律師相對較追求效率並處處算計——暗黑且無情，故如以商務律師的角度切入分析家事案件，肯定會迸出新奇的火花與策略……

書中透過豐富的案例故事與分析，搭配白話易懂的法律說明，和大家談談手足之情、夫妻姻親、奉養長輩、親子之間的遺棄、情緒勒索等議題，同時也探討東西方文化差異，以及如何事前規劃，避免遺憾。

一般人陷入暗黑的親情難題時，其實很難真的鐵了心尋求法律途徑，甚至和家人對簿公堂。但我希望透過這本書，能提供讀者了解到法律可以如何保障自己的權益、知道要如何向外求助，或許也能啟發在相似困境中的人一些想法，增強自己處理事情的信心。

在敦化南路二段上的事務所辦公室內，回想起當時總編輯找我出書時，對於以暗黑角度切入探討親情黑暗面的議題躍躍欲試，腦中頓時滿滿負面教材可以作為相關資料，但對於有沒有時間可以完成寫書的重責大任，我到完稿前都毫無把握。在每一天助理幫我排好滿檔的行程下，不論是白天的開庭或與當事人開會，或是晚上與客戶間的應酬，這對於一位商務律師而言，我想是再平凡不過的一天行程，但是在這忙碌的行程中，從沒想過我竟能做好時間管理完成本書。除了特別感謝出版社的慧眼及同仁的全力支持之外，我特別要感謝的，是我的太太。謝謝她在事業上不斷的全力支持，否則我的人生恐怕也會變成書中暗黑案例的篇章。然本書出版之際，全球正面臨新冠肺炎肆虐，願疫情能迅速降溫受控，每一個人生能迅速回歸正常軌道，愛與和平。

劉上銘 律師

Contents

目・錄

Part 1 手足之情

Part2

父子親情

Part 5 追求公平

Part 6 東西方文化差異

Part 7 擺脫親情情緒勒索

Part 8

事前規劃，避免遺憾

Part 1

手足之情

1 父母老了誰來養？該住哪邊？

我們未必會有小孩，但一定會有父母。這是一個邏輯上的特別關係，現代人可以決定自己生育與否，卻沒辦法決定自己的父母是誰。一般而言，生養我們的父母老了以後，照顧他們是應該的，但在有能力的前提之下，是不是所有的應該照顧者都有相同的想法？這問題就會涉及到「誰應照顧父母」的紛爭。有人之所以不願意照顧父母，是出於自身疾病或沒有經濟能力，無法顧及其他，也有些人是因為伴侶不喜歡，有家庭因素的考量。

我認為在當今世代，每個人都應該為了自己的下一代著想，也該為自己的生活負責。父母養育小孩至成年後，理論上相關扶養責任就已經結束。如果作為父母能在生活起居和經濟能力上自立自強，我想很多家庭問題就不會發生。

簡單來說，父母若能妥善做好財務和未來退休生活的規劃，得以自給自足、自立自強，讓「扶養責任只歸屬於往下照護，而非往上扶養」，扶養爭議就會變得比較單純。但我們仍然會遇到扶養父母的難題，這難題分作兩個層次，一是「錢誰要付」，二是「人誰來顧」。有人說錢能處理的事情都是小事。但人力上誰要負責照顧？誰要跟父母同住？誰要包辦父母的生活起居？誰要負責接收父母的負面情緒？這都是錢不能解決的事情。

若先討論錢的問題，其實有一個常見的情況。衰老的父母不和子女同住，彼此之間感情也不親密。當他們在法律上已經達到所謂無謀生能力或不能維持生活的狀況時，基本上都會開口向小孩要錢。小孩出於各種考量不願意給，甚至是不願出面處理時，父母只好去法院提告。不論訴訟判決結果為何，唯一不變的是家庭關係終將破裂。

暗黑親情案例 I——四名子女皆不願照顧年邁母親

基隆有位高齡81歲的蘇姓女子，育有四名子女，但早年和這四個小孩不是很親密，親子之間沒有所謂的直系血親緊密的關係存在，所以媽媽都一直在外獨立生活。但蘇姓女子到了晚年身體不舒服、不能負擔原本的生活費用時，就找四名子女要錢。子女不給，她就上了法院聲請給付扶養費用，最後法官直接判四名子女每個月總共要付一萬一千元。四人均攤母親的生活費用，那就單純是錢的問題，然而錢不能解決的事情是，沒人要跟媽媽同住，媽媽能怎麼辦？這四名子女選擇讓媽媽去安養機構。

但安養機構其實是兼具營利及社會救助性質色彩的單位，既然有營利的成分就會有相關費用，不可能白白讓人去住。可是每個月一萬一千元根本就不夠付安養費用。換句話說，蘇姓女子根本沒辦法去住這安養院，只好變成人球。警方介入協調，找來兒子討論，兒子表示並沒有不付安養費用，畢竟法院已把責任釐清，子女每個月付出費用之後就責任已盡。這四個子女對於母親和街坊鄰居指責孩子不孝一事十分反感，堅決不要再爲了媽媽多付出任何照顧費用，也堅決不與其同住。所以最後是由警方申請社會救助，才讓事情告一段落。

關於案例，律師這樣說

以蘇姓女子的案例來看，錢可以解決的部分相對單純，但竟然四個兄弟姊妹都堅決不要養媽媽，這是比較特別的狀況。媽媽懷胎九個月將孩子生產下來，不管之後的養護、扶育過程如何，畢竟都是自己的母親。因此人們多半會有晚輩扶養長輩的壓力，認為至少在能力範圍內盡到安置和扶養的責任。

但與父母同住不僅是一個扶養階段的開端，一旦開始扶養之後，就絕對無法與這個扶養關係及狀況脫離。其他人不會接手，除非父母有特殊狀況，例如死亡。而在這個案例中，子女立場一致，沒有一個人心軟。若是其中有一個人心軟，現實上那個人就要終其一生背負照顧媽媽的責任。

案例中提到「每個月一萬一千元不足以支付蘇女的安養費用」，法院是在安養院的事實發生之前酌定這筆一萬一千元的扶養費，是以維持蘇女最低生活水平來計算費用。如果蘇女認為住安養院必須額外支出三萬元，就需要再向法院請求扶養費，法

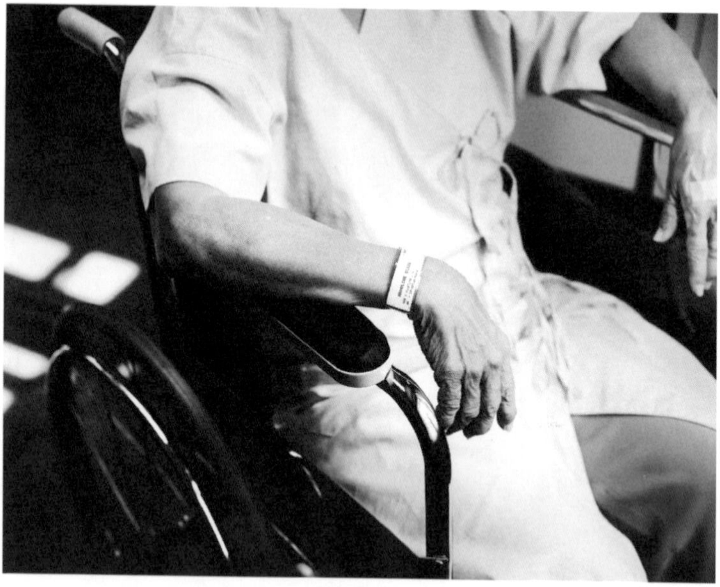

院會依照蘇女的需求追加扶養費用。原則上安養機構的費用必須要由當事人負擔（本人或其子女都算是當事人），但各縣市皆有協助老人安置的社會救助，如果符合相關規定，地方政府會依照標準核定不同補助金額，避免老人有無法受救助的情形發生。

暗黑親情案例 II——單身女兒扛下照顧父母重責而身心俱疲

A女，44歲，台大畢業，條件優秀，工作前途明亮。A女有個大她三歲的姊姊，已婚但沒有小孩。A女在二十年前只有20歲時，父親得了蜘蛛膜下腔出血病症過世，媽媽因此守寡。而在爸爸過世時，其實姊姊已經出嫁。爸爸過世之前，A女一直與父母同住，由她負責父母的起居、打掃、家務維持等等。由於爸爸突然過世，而非久病在床，A女認爲應該扛下照顧媽媽的責任，一照顧就過了二十二個年頭。

在這二十多年之間，A女並非不想走入婚姻，卻被媽媽綁住。她認爲結婚對自己來說是不可能的，沒有人會娶老婆又要照顧對方的母親。此外，她爲了照顧母親，在工作上沒辦法大量集中地投入時間，升遷狀況也受影響。即使有高學歷的背景，但她的職務內容對於未來升遷其實沒有太多的助力。至今母親也還健在，但身體狀況大不如前。照護的壓力也使得A女的身心健康受到影響，罹患了憂鬱症。

關於案例，律師這樣說

以我執業生涯以來觀察，許多父母在年紀大時都有負面情緒需要宣洩，常會無來由地責怪他人，或出現很特別的想法，不在乎別人的評價，這會造成照顧者很大的情緒壓力。一直以來，A女的媽媽都有出現這個症狀，導致原本正向的A女後來出現精神不佳、憂鬱的狀況，甚至曾經浮現這樣的念頭：「如果把媽媽殺了，似乎所有的問題都能解套。」其實她有向已出嫁的姊姊尋求幫助，但姊姊表示已經另有家庭，以照顧自己的家庭為重而拒絕伸出援手。A女的姊姊雖有負擔扶養費用，但這時已經不是錢能解決的問題了，而是「誰」要來盡照顧的責任。

案例中的A女因為照顧媽媽而憂鬱症，在這樣的狀況下，A女如果認為負擔過重，應該先尋求其他手足的幫助。如果其他手足不願意幫忙，最下策是尋求社會福利機構協助，或是向各地的社會局求助。A女本人則是應該尋求心理諮商師或是相關諮詢單位的幫助。身心狀況不佳時千萬不能自己默默吞下去，就算是和人抒發心情，也是讓自己身心保持健康的手段之一。

在錢以外，真正付出時間與勞力的實際照顧者才是肩上重擔最重的人，卻也是常常被忽略的那個。我們常能聽到「天邊孝子」的類似故事：父母生了好幾個小孩，其中有小孩出國深造或在異地打拚，奠定事業基礎，父母也以此為傲。小孩一路受到父母栽培，出國念書的一切費用都由家裡支應。在這種狀況下，小孩事業有成，負擔父母的照護費用都能如時、如期給付，所以父母總是跟街坊鄰居、親戚長輩說：「我的孩子是天邊孝子」。

表面上光是以金錢來衡量，這些孩子聽來很孝順，不只定時提供生活費，還有三節獎金和生日紅包。然而在這樣的故事之中，常有另外一個子女默默地陪伴在父母親身邊，付出了時間、勞力，甚至犧牲未來生涯規劃，但這樣的辛苦通常都會被父母親忽略。因為父母親把養育子女視作投資，希望孩子是可造之才，「投資」成功之後往往只把榮耀集中在事業或學業相對成功的孩子身上。這導致留在老家、沒有出去打拚的實際照顧者心理上產生不平衡：「一樣是照顧媽媽，為什麼所有的榮耀都集中於你？為什麼你出錢就可以？」這就是為什麼養護父母的責任並不是單純給付金錢就能解決，真正困難的是實質的陪伴和照顧。以上向實質照顧長者的朋友們獻上最誠摯的敬意。

暗黑親情案例 III——家中重男輕女，照顧責任全落在女兒身上

B女是家裡的長女，和父母同住，日常家務都是由她處理。她曾經向爸爸建議請外傭來協助打掃，但爸爸很強硬地表示不喜歡家裡有陌生人，因此作罷。她的弟弟已經結婚，住在爸媽家附近，平日不會回去，但假日會回家吃飯。照理說弟弟回家應該是全家相聚的場合，但每次弟弟要回來，媽媽就要趕快去菜市場張羅，煮得很豐盛，而弟弟回來吃飯也不會洗碗，吃完飯全家就走了，讓B女不解弟弟到底是回來看父母還是回來蹭飯？

在親子相處的過程當中，姊姊發現父親有很多偏心的狀況，例如弟弟雖然結婚後已離家，但弟弟後來買了車，夫婦倆想要生小孩一直沒成功又去做人工受孕，以及之後的安胎、坐月子等等，這些費用都是爸爸偷偷支付的。後來媽媽也覺得在這情況下，爸爸確實比較偏心，也跟B女說要有心理準備，爸爸的財產或許不會有女兒的份，他可能會做一些處置。

父母把一切生活重心放在弟弟身上，但想不到後來母親罹患癌症，陪在她身邊照顧的只有B女，弟弟從頭到尾都沒去過醫院探視。媽媽因此自己心裡有數，當他們之後需要人照顧、沒有維持生活能力時，兒子基本上不會來照顧他們，所以她就開始比較積極地跟女兒修復關係。

後來父親身體也出了狀況，從巴氏量表來看，爸爸已經達到可以申請外勞的標準，急需有人照顧。但他拒絕外勞，媽媽又照顧不來，只剩下女兒照顧他。女兒有自己的生活、工作，在公司裡也是個主管，卻沒辦法在職場有更好的發展。

關於案例，律師這樣說

案例中的B女已經知道爸爸會這樣不公平地對待她，那B女到底要照顧還是不照顧？家裡的錢通通都給弟弟，弟弟卻擺明了就是要擺爛，在這種狀況下，到底是要斤斤計較，還是就算了？這常常都會變成人生的兩難。

其實面對這樣的情況時，我們一般人都很難鐵了心尋求法律途徑，甚至和手足對簿公堂。但是如果先了解法律上可以如何保護自己的權益，或許能啟發你想法，也能增強自己處理這件事的信心。

以這個案例來說，**如果B女希望爲自己爭取權益，我會建議她平常就應該積極搜集相關證據**，像是自己為照顧父母支出的財力、勞力證明，這些未來需要訴訟時可能都會用得上。比較具體的證據可能是為了父母支出的日常費用，以及為父母支出的醫療費等等；如果父母拒絕外勞，也可以統計自己為了照顧父母支出了多少時間心力。時間和內容越是具體，未來在請求弟弟分擔扶養費時，法院可能認定女兒付出的時間成本可以折算看護費用，進而要求弟弟償還。

另外在案例中還有一個可以討論的問題，就是媽媽向女兒說爸爸的財產可能不會有她的份，其實根據《民法》繼承編，女兒依法得以繼承部分的財產，法律上稱之為「特留分」。就算父親能夠用遺囑宣稱要把財產都留給某某人，但法律上確實保障相關親屬至少能得到某一部分的遺產。《民法》第1223條第一款提到，直系血親卑親屬的特留分，為其應繼分的二分之一。應繼分又依《民法》第1144條有個別規定（可參考下表）。

相關法條補充

《民法》繼承編

第1138條

遺產繼承人，除配偶外，依左列順序定之：
一、直系血親卑親屬。
二、父母。
三、兄弟姊妹。
四、祖父母。

第1144條

配偶有相互繼承遺產之權，其應繼分，依左列各款定之：
一、與第1138條所定第一順序之繼承人同為繼承時，其應繼分與他繼承人平均。
二、與第1138條所定第二順序或第三順序之繼承人同為繼承時，其應繼分為遺產二分之一。
三、與第1138條所定第四順序之繼承人同為繼承時，其應繼分為遺產三分之二。
四、無第1138條所定第一順序至第四順序之繼承人時，其應繼分為遺產全部。

第1223條

繼承人之特留分，依左列各款之規定：
一、直系血親卑親屬之特留分，為其應繼分二分之一。
二、父母之特留分，為其應繼分二分之一。
三、配偶之特留分，為其應繼分二分之一。
四、兄弟姊妹之特留分，為其應繼分三分之一。
五、祖父母之特留分，為其應繼分三分之一。

2 斤斤計較——算，還是算了？

如果我們在處理法律議題時能夠完全抽離親情，單純讓法院依照相關法律規定釐清各自有哪些責任需要承擔，其實沒有人會覺得不好意思。但在有血緣關係羈絆的狀況之下，所有簡單的事情都會變得很複雜。面臨這樣的困境時，人們第一個會問自己的問題就是——「該不該告上法院？算，還是算了？」父母的扶養責任不只在我一個人身上，還有其他兄弟姊妹要承擔。如果他們都不照顧，該不該提告？提告只是處理錢的部分，誰要實際負擔扶養的責任，這又是另外一個層次的問題。

很多人都會卡在第一關「要不要提告」。不管是前一篇未婚又扛下照顧媽媽責任的A女、爸爸明顯偏心弟弟的B女，或是其他正在扶養父母的這些人，對於「到底要不要對自己的兄弟姊妹或其他應負扶養義務者提告」、「要不要斤斤計較」，其實都感到兩難。在此提供大家一個想法參考：**提告是法律賦予扶養者的權利，我們要把親屬、血親關係這些法律上無法處理的糾葛情緒抽開。**單就法律的立場來看，法律賦予扶養義務人這樣的權利，不行使提告權就不應該抱怨。

實務上可以看到很多狀況是當事人出於各種原因不願提告，包含來自長輩或其他親屬的壓力。但如果不提告、只是單純抱怨，事情永遠不會解決。畢竟法院是最後的爭端解決機制，建議在扶養費用相關的爭議上還是走法院處理，透過公平公正且公開的場合，可以讓所有兄弟姐妹在相同的程序中表示意見，任何有考量或顧慮的人，在法庭裡也不用擔心其他親屬的壓力，以及負面、不公平的八卦與言論。

法院要處理的問題其實很簡單，就是「需不需要付扶養費用」、「應該付多少」。除此之外，實際給付扶養費用的金額有機會可以壓低。舉例來說，父母可能一開口就要三萬元的扶養費，或是每個月三不五時需要零用金，這都會在經濟上對子女造成困擾。如果子女沒付這些錢，父母可能會到處跟別人訴苦，這將會落入一個最不願意見到的狀況——錢付了，還被冠上不孝子的名號，真正沒付費用的人卻躲得遠遠的，當作什麼事都沒有。**與其付了錢還被人責難，不如在法院算出精準的數字，就不必擔心吃力不討好的情況出現。**因此，我傾向鼓勵大家妥善利用司法程序來解決這類暗黑親情的狀況。

關於扶養費用的裁判標準

遇到扶養議題時，我們可以換另外一個立場來看子女的處境，探討子女在法律上有什麼權益可以主張。假設父母和孩子說自己每個月要花上三、五萬塊才夠用，但法律可以主張扶養費用該如何支付、金額應該如何訂定……其實法院都有一套裁判標準。在現實生活裡，我們會有幾項生活上的重要支出，這會決定扶養費用的多寡。或是法院會認定一個人必須要有多少錢才可以支撐他在這城市基本的生活，例如主計處公布的國人年平均消費數字。（在此特別解釋一下，「平均消費」是指我們會花多少錢，但有時候這些消費並不是生活必要開銷，因此相較來說是比較高的數字。）

在討論扶養費用時會有一個關鍵的數字，就是「每人每月最低生活費」。衛福部每年會公布每人每月最低生活費，這筆費用不含房租和其他花費，只是維繫最基礎生活的必要費用。最低生活費依照不同地區的物價指數會有所不同，如果是在北部，通常必須達到一萬五千塊以上。另外，大家常會聽到另外一個數字是「申請低收入戶的資格認定」。你可能會疑惑「判定符合低收入戶的標準該用平均消費還是最低生活費計算」，其實扶養費用和低收入戶資格是以不同的概念衡量，因為申請低收入戶的重點不在消費，而是收入。低收入戶的收入證明是由各個縣市判定，各有一套標準去認定收入是否已達低收入戶狀況。而在扶養的案例中，法院會裁判標準認定扶養義務人必須負擔多少金額。通常扶養費用會遠遠低於父母的期望值，因為這是最後救命必要的費用，而不是要讓父母過著穿名牌、出門坐計程車的生活。

沒有盡到扶養義務＝犯了刑法遺棄罪？

如果父母間有不能謀生或無法維持生活的狀況，而需要我們扶養時，其他未盡到扶養義務的兄弟姊妹會不會有遺棄罪的問題？答案是「民事上有扶養義務的當事人沒有扶養事實，並不能和刑法遺棄罪直接畫上等號」。民事相關的法律只涉及錢和作為，但刑事上的遺棄罪有兩個要素：①主觀上必須是故意的；②客觀上確實達到不能維持生活，定義十分嚴格。

假設一個人好手好腳的，不管幾歲都有可能為自己爭取到一份薪資微薄的工作，因此要直接被認定為不能維持生活是很困難的。遺棄罪和民事扶養義務有很大的差別，但實務上常能聽到一些人會有錯誤觀念，認為家人不扶養自己就可以去告對方遺棄罪。但平心而論，若父母的生活已經達到不能維持生活的地步，當務之急就是能找到一個遮風避雨的地方，可以讓他們填飽肚子或不受寒。因此在這個狀況下應該是向社會局申請緊急救助，或是在緊急救助之後提起民事訴訟，檢視誰要負起扶養義務，最終透過民事訴訟才能夠解決事情。

簡單來說，一個飢寒交迫的人在現實中比較不會想到要優先提告遺棄罪。如果由父母提告遺棄罪，檢方偵辦、應訊，雖客觀上確實有遺棄罪的事實並做處分，然起訴當事人子女，再進法院審判，整個過程基本上超過一年。我認為這是客觀上較矛盾的狀況，畢竟都已經沒飯吃了，怎麼可能去刑事提告小孩或是其他扶養者？若想要解決糾紛，建議還是直接走民事程序處理，會讓事情比較單純。

關於互負扶養之義務

根據《民法》規範，兄弟姊妹相互之間需要互負扶養義務，家長跟家屬之間也需要互負扶養義務，不過後者是比較少用的概念。因此在互負扶養義務的部分，我會特別談「父母子女與兄弟姊妹之間」的狀況。

值得留意的是，根據《民法》規定，即使毫無血親關係也有扶養義務。《民法》第1114條規範，直系血親之間有這樣的義務，例如媽媽要養小孩，等媽媽老了之後小孩要養媽媽。但比較特別的是，夫妻一方與他方父母同住時，相互間也要負扶養義務。舉例來說，我太太和我同住，而我父母也恰巧跟我住，按照這法條來看，由於太太和我父母同住，所以她跟我父母間互有扶養義務，但她跟我父母間無任何血親關係，只是因為嫁給我就必須養我爸媽，這是現行《民法》的規定。

不管是何種關係所要承擔的義務，在法律上談扶養義務都是針對錢的問題，但給錢之後事情就能真正圓滿解決嗎？

暗黑親情案例——父親早逝手足無情，孩子該代父照顧阿嬤嗎？

我的朋友C女本身也是律師，在台北的事務所上班，她從小是由阿嬤一手帶大的。阿嬤生了兩個兒子和四個女兒，共有六個小孩，算是滿大的家族。後來她的阿公先過世了，按照法律規定，阿嬤應由六個孩子照顧，但四個女兒都認爲她們沒有分到遺產，不應承擔照顧責任，有分到遺產的是兩個兒子，應由兩個兒子照顧（C女是二兒子的小孩）。

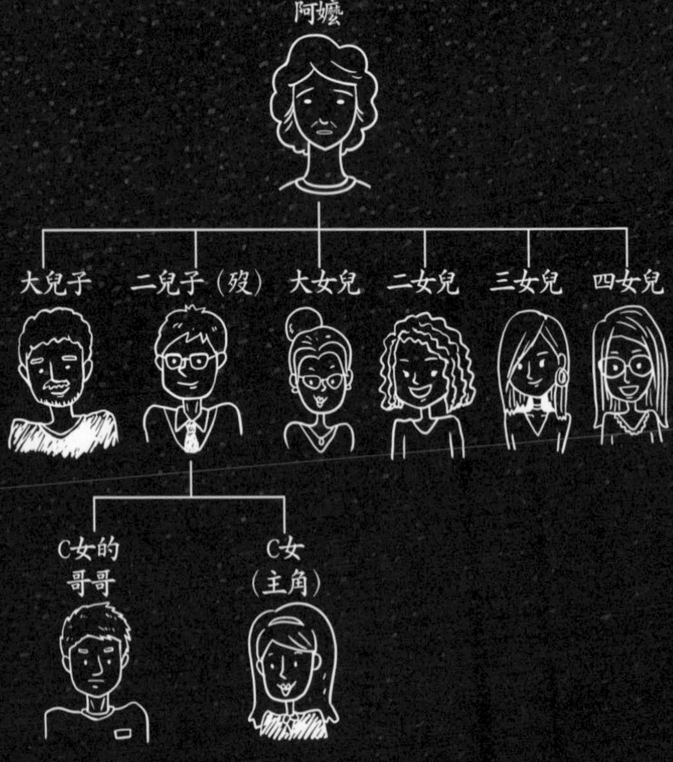

阿嬤現在已經高達一百多歲，行動自如、能和人對談，只是聽力有些退化。理論上家族裡有個長輩能夠破百歲是很好的事情，但認知能力退化的阿嬤每天都喜歡在外面亂跑，漫無目的到處走。有次鄰居主張他們家的園藝、盆栽遭受破壞，調出監視錄影器指認一個歐巴桑的背影，說這就是C女的阿嬤做的，這個案子繫屬台中地檢。

在被害人（盆栽所屬人）提告以前，其實有開過調解會議。一般而言，若只是較單純的民事案件，檢察官都會在當事人提告以前安排調解過程，讓大家有個公正的第三人跟公開的平台，看看誤會能否釐清或是協商賠償條件。

當時是由C女的母親陪同阿嬤前往調解會議，因爲她的父親在她高中的時候就過世了。一直以來，《民法》第1114條「夫妻一方與他方父母同住時，相互間也要負扶養義務」的狀況就在她家發生，因爲她的母親和阿嬤同住，因此有扶養義務。

阿嬤的另外一個兒子長年住在台北，並不在台中。C女從小就覺得家裡是母系社會，阿嬤是非常強勢的女性，對家中擺設和家人的行爲都會有意見。即使阿嬤衣食無缺，還是會去外面撿別人丟棄的桌椅回家。她生活很節儉，覺得東西沒壞就不應該丟掉（縱使別人丟掉也應該拿回來自己用）。

在調解過程中，阿嬤極力否認是她做的，而且還口出惡言，鬧得不可開交。原本道個歉就能解決的事情，到最後還得上法庭。C女因在台北工作，家人怕她擔心，沒有讓她知道這件事情，直到後來必須上法庭了才跟她說。C女得知整件事後立刻趕往台中，擔任自己阿嬤的辯護人。由於阿嬤在調解過程中否認破壞鄰居盆栽，站在C女的立場，既然自己阿嬤否認就要挺她到底。

C女是從台北下來開庭的，台中的檢察官特別覺得她兇悍又強勢。C女在庭上說到：「這個老人已經這麼老了，當然不能做壞事就以年紀免除責任，但眞正的重點是如何確保阿嬤未來不再犯，這才是案件中最關鍵的地方。」她的阿嬤都已經這麼老了，其實可以請檢察官做精神鑑定，確認老人家是否已經老到不知道自己在做什麼，接著將相關罪責免除掉。這都是C女身爲律師可以做的，但是這都太過浪費國家資源了。

C女認爲家屬都已經安排好要如何避免類似狀況再度發生，希望檢察官直接給予不起訴或緩起訴處分。結果檢察官以非常強勢的態度拒絕，聲稱當事人都告上法院了，就是要將案子辦下去，因此這個案子按照檢察官的命令再送一次調解。

基本上，調解委員也以公務員心態辦事，他和C女說可以看對方開多少錢直接賠，如果不想賠就抓一個中間的數字（但抓了一個C女聽了很不甘願的數字）。由於阿嬤沒有錢，所以這個狀況其實是阿嬤的選任辯護人，也就是C女幫她賠錢。C女覺得幫阿嬤賠錢沒有什麼問題，但她並不是阿嬤的扶養義務人，眞正要盡扶養義務的兒女們通通都沒有出面，只有其中一個姑姑嘴巴上說要抗爭到底，到頭來眞正去抗爭的還是C女。

C女最後直接跟調解委員說這金額由她處理，她不想再特地南下開庭，畢竟南下開庭的成本遠遠高過於這個賠償費用。當時的畫面讓C女印象深刻，調解委員語氣酸溜溜地說：「錢就是要付，給阿嬤一個教訓，她以後就不敢了啦！」C女聽了這番話，怒把信封丟在調解委員桌上，回說：「什麼叫給阿嬤一個教訓？是給我一個教訓吧！這錢是我付的啊！阿嬤還是一樣過生活。錢我可以付，但你不要用這個來揶揄我。」

C女後來回憶起整件事，提到當時有個讓她很感動的短暫畫面，就是阿嬤牽著她的手說很不好意思麻煩孫女南下處理這些事情，之後不會再犯了。C女聽了之後，覺得作為孫女親自回台中幫忙處理，至少讓老人家知道自己錯了，以後不會再犯。

接下來家人也幫阿嬤安排看護，請了一個外傭來家裡幫忙，但有失智症的阿嬤辨識這個世界的能力越來越弱，連那天在法院牽著孫女的手答應的事情也忘光了……。阿嬤回家之後故態復萌，但至少請了一個看護隨身照顧，C女也比較放心。相比之下，人情冷暖更讓C女覺得難過。請看護的費用理論上要由誰來付？她的伯父、姑姑們會付嗎？

關於案例，律師這樣說

以這個案例來看，理論上是扶養義務人要付看護費用，但五名在世子女都不聞不問，甚至還有人說絕對不會支付這筆錢、不關他的事，而真正照顧阿嬤的是媳婦，也就是C女的媽媽。媽媽一輩子都被綁住了，C女自己從高中畢業後就沒再回台中，她的哥哥也是在大學畢業後就搬離家裡生活，所以老家只剩下媽媽與阿嬤。

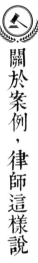

這也是一個「天邊孝子」的例子，阿嬤每天照三餐罵C女的媽媽，年輕時罵媳婦的習慣到現在都沒有改變。但阿嬤還是認為自己遠在天邊的所有子女都很棒，即使這些子女沒有真正在照顧她。

案例中的C女也陷入了暗黑親情的困境，即使身為律師，也苦惱著老家每個月的外傭費用是否要和伯伯、姑姑（阿嬤的其他子女）申請。一旦做出這個要求，大家是不是就扯破臉了？這種尷尬狀況連身為律師的她也陷入兩難。C女最後決定把所有單據收集好，在目前生活還過得去的狀況下，無須和其他長輩要這筆錢，但如果以後遇到費用分擔糾紛，C女該和長輩要求盡扶養阿嬤的義務時，她也不會留情，畢竟這本來就不應該是她們母女要完全負擔的責任。

有人可能會提到，有拿到遺產的子女不是應該要負擔扶養費用嗎？我必須強調一個概念：有繼承到遺產的人，不必然要負扶養義務。舉例來說，如果父母身亡，拿到遺產的人基本上是子女。小孩可以拿到遺產，他們負扶養義務聽起來十分合理，但如果子女裡有人先過世，而過世的子女留有後代，這些後代其實可以代位繼承。但在扶養責任裡，孫子或孫女並不是第一順位的扶養義務人。這筆錢不是孫子或孫女自己要拿，而是因為法律上代位關係而強制取得這筆遺產，真正要扶養的人還是以《民法》第1114條涵蓋的範圍為準。

相關法條補充

《民法》第 1114 條

左列親屬，互負扶養之義務：
一、直系血親相互間。
二、夫妻之一方與他方之父母同居者，其相互間。
三、兄弟姊妹相互間。
四、家長家屬相互間。

3 手足有難——救，還是不救？

談到法庭上的親情糾葛，兄弟姊妹之間的糾紛也是常見的案例。手足有難可以分成兩種狀況，一種是對方真的沒辦法生活、人生快走到絕路了，連吃飯的錢都沒有。另外一種則是兄弟姊妹很會花錢，比如自稱很會投資、很有自己的想法與規劃，胡亂投資之下出現無法填補的資金缺口，這時就會開口向家人求援。他們的說詞通常都是：「如果你不救我，我可能就要被黑道抓走，或是被民間的地下錢莊抓走……你要救我！」諸如此類。

有類似經驗的人其實可以思考一下，你救了兄弟姊妹第一次，有沒有想過他什麼時候會來第二次？我覺得這是一個莫非定律，只要有第一次，一定會有第二次。因為這位手足的個性就是如此，他的人格特質在出事時沒辦法自己承擔風險。

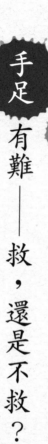

投資本身就有風險。一般而言，我們投資前要評估自己是否能夠負擔風險，能夠承受再投資，即使風險真的發生，我們承擔下來只是會過得比較不舒服，絕不至於會死掉。但上述提到的這種兄弟姐妹的人格特質並非如此。他們明明知道這風險不是自己能夠承受的，但還是會在一開始就設想出了狀況還有家人可以當後援、家裡一定會幫忙自己度過難關。這種人幫了第一次之後，一定會有第二次、第三次。

手足有難、需要金錢支援時，我們到底該不該伸出援手？如果不幫，會不會被父母、親戚說閒話？如果幫了，可以幫到什麼程度？伸出援手之後，這一大筆錢會被拿去做什麼用途？有時候，真實的答案很殘忍……。

暗黑親情案例——受寵么弟不斷向家裡伸手拿錢

案例中的家庭有三個小孩，老大跟老二過得不錯，但比哥哥小四歲的老三從小比較缺乏父母陪伴，因此父母特別疼愛老三，希望能夠多給他一點照顧和資源，以彌補小時候無法陪伴在孩子身旁的時光。

老三是個乖巧、單純的孩子，但他總覺得自己和家人之間關係不親近，也不太願意回到父母身邊，所以在退伍之後就打算到外地工作，和家裡拿了幾百萬說要創業。但每當逢年過節，父母關心老三的創業狀況，卻一直不知道公司名稱、沒看過財務報表，老三也不願意提供存摺。父母聽起來覺得狀況不對，想知道這兒子在外面到底做了什麼，但每次要親自去找兒子都被以各種理由推託，因而從來沒有看過老三創業的實際狀況。

老三拿了創業基金幾百萬，過兩年後又聲稱自己有資金缺口，需要其他資金，再跟家裡拿了五、六十萬。父母看這個原本圓潤的小孩，這幾年竟然愈來愈瘦，每次回到家就拼命地吃，彷彿在外面都沒有好好吃飯。媽媽見狀當然十分心疼，私下一直塞錢給老三，每年都塞了好幾十萬。

後來媽媽身體出現狀況，需要有人照顧和幫忙支付看護費用，結果一直回家拿錢的這個小孩抵死不願意付，強調他無法支付安養費用。媽媽起初很積極地想照顧老三，導致最後家裡鬧不合也就罷了，但老三在吸光媽媽的財產後，居然又轉向哥哥伸手要錢。

老三跟兩個哥哥說無法過生活，需要他們的金援。哥哥們不願意幫忙，接著又去找長輩吐苦水說哥哥們不顧親情，讓老大和老二揹負許多壓力。最後老三甚至還懷疑哥哥們對媽媽遺產有不當的處分，興起許多訴訟，包含僞造文書、民事上給付訴訟。

關於案例，律師這樣說

兄弟之間有難並非少見，但這個「難」是誰造成的？除非父母有差異對待，否則每個手足從家裡獲得的資源理應是平等的。人生中遇到困難當然要自己先想辦法處理，但現在社會上常見的案例就是賴給別人，再「善用」司法制度。如同案例中的哥哥們不願意和有問題的小弟扯破臉，但小弟為了要得到金錢，很樂意利用訴訟的程序干擾家人的生活。所以我們在手足有難時，到底要救還是不救，要評估的狀況其實還有很多。

在這個案例裡，媽媽曾經借創業基金給小孩，後來她生病了需要請看護，理應可以要求老三還這筆錢，但一個母親看到自己疼愛的小孩最後連吃飯都有問題，當然捨不得開口要他還錢。媽媽還在世的時候，兩個哥哥也沒辦法對弟弟主張還錢給媽媽的責任，畢竟哥哥也不是媽媽的債權人，權利在媽媽身上。除非媽媽過世，媽媽對弟弟的債權才能由哥哥代位主張。

4 求學夢碎於手足無情

有時候，「親情」讓人很難評斷是非，尤其在面臨生涯重大抉擇的時候。如果當事人腦筋清楚，或許會覺得眼前這些選擇沒那麼難，但當決策過程涉及親情相關的考量，似乎每個想法清楚的人都會變得腦袋渾沌，甚至有苦難言。

舉例來說，許多人會把「出國留學」納入自己的人生規劃中，但是這個抉擇要考量的面向非常多，除了金錢外，家人的支持與否也非常重要。孔子曾說過：「父母在，不遠遊。」這句話直至今日，仍對華人社會的親情連結有深遠的影響。出國留學勢必得與家人分隔兩地，若此時家中父母需要有人照顧，手足又無法支援，你會怎麼做呢？如果為了家人而暫時放棄出國闖蕩的夢想，等到未來想再出國時，可能年紀不小、機會也沒了……。

在這一章節中，我們會舉兩個案例故事，探討同樣懷有求學夢的兩位主角。一位是想去美國留學，與兄長相差十歲的家中老么；一位是想在台灣升學，但家中父母把所有資源都給了哥哥的小妹。當面對「手足無情」時，在夢想與親情的拉鋸下，他們該如何在掙扎中抉擇？

暗黑親情案例 I——留學追夢，卻被兄長要求回家照顧母親

這是一個發生在彰化、家有三兄弟的案例。老大和老二年紀較爲相近，間隔一兩歲而已，故事主角老么，是隔了十年才又出生的孩子。經商的爸爸過世之後，這家人就財產做了一些分配：老大拿了部分現金；老二是很優秀的學生，後來從醫並在北部執業，年輕時從家裡拿了讀醫學院的學費和開業的費用。既然家裡的錢已經被老大、老二拿光了，老三分到什麼？分到祖宅，是一間在彰化的三合院。

由於老大和家裡不合，早早就離家出走，沒人知道他去了哪裡，甚至過年也沒回來，和原生家庭徹底失聯；老二從醫，結婚之後養了兩個年紀尚幼的孩子；老三則是在台中做辦公室職員，每天從彰化通勤，方便與媽媽同住。爸爸過世之後，都是由老三擔起在彰化扶養媽媽的責任。

老三工作一段時間後，開始嚮往出國留學。他很認眞準備托福考試，結果考了將近滿分，申請進入常春藤名校念工商管理碩士（MBA）。申請學校所有費用，包含補習費、國外

的學費，老三都是向銀行申請助學貸款、跟學校申請獎學金。換句話說，他一切都是自立自強，沒跟媽媽拿錢。家裡雖有拿房子去貸款，但貸款的費用僅支助補習開銷。老三後來成功圓夢，離職去美國留學。

老三在美國讀書的第二年，他起意想申請綠卡，爲的是在當地可以長期定居、求職，之後或許就不回來台灣發展。但事情沒那麼順遂，在他第二年期末考時，媽媽在台灣中風了，二哥趕緊通知他回來照顧媽媽，說媽媽開刀以後可能會見不到最後一面。老三這時陷入兩難，他和媽媽感情很好，當然放不下媽媽，但因爲美國的大學期末考不能缺考，無論任何原因缺考都無法過關，只能多讀一年或是補修學分。

老三於是和二哥商量，希望能夠由哥哥照顧，之後再看怎麼分擔費用，但二哥拒絕了。他說家裡還有兩個小孩要照顧，而且他在北部開業，沒辦法常常回彰化，這陣子在台北、彰化兩地奔波，其實也快撐不住了。

在這些條件之下，老三最後還是必須做出決定。他眼前有三個選項：

【選項一】繼續留在美國

留學是他一輩子的夢想，也沒人逼迫他一定要回台灣。他此時趕回來媽媽的病會不會好？答案只有天曉得。況且，老三在美國讀書都是自立自強，沒和媽媽拿任何錢、沒欠家裡什麼。並不是家裡給他一筆錢出國念書，導致沒有醫藥費可以照顧母親。如果我們把親情議題當成商業決策來分析，其實他可以繼續留在美國。

【選項二】回家確認媽媽身體狀況沒問題再回美國

這乍聽之下是不錯的選擇，但這選項背後有太多不確定的、抽象的風險，例如：媽媽什麼時候病會好？媽媽出院之後需不需要有人照顧？媽媽出院後該由誰照顧？這些答案都是未知。換句話說，他回台灣之後，能不能再回美國也是個未知數。

【選項三】回到台灣，結束美國的一切

即便做了這個選擇，回台灣後仍然還有很多未知，因爲沒有人知道停損點在哪裡。一旦老三回台，想必會是由他來照顧媽媽。媽媽如果身體大致健康，會有一套照護方式，但媽媽如果不健康，需要耗費的多餘時間、勞力和費用，到底要怎麼分擔？自己會不會除了留學夢碎之外，也一輩子就這麼被綁住了？這都是他必須考量的問題。

各位猜猜老三最後選了哪個選項？如果你是他，會如何抉擇呢？

關於案例，律師這樣說

案例中的主角最後決定回到台灣，放棄在美國長居的夢想。他知道自己做了這個決定就不能回頭了。考量親情、人生規劃和對於未來的評估，他的選擇其實在於「人生下半場要為了自己而活，還是與提攜他人生上半場的人一起生活？」他最後選擇跟媽媽走完餘生。回來台灣之後，老么扛下照顧媽媽的責任，而且他也很認分，沒有太多怨言。

當然，主角也曾經動念：自私一點，留在美國。但如果他選擇繼續留在美國，大家族裡的叔叔、伯伯及長輩們一定會用很難聽的字眼來形容自己。這時候他仍是單身，家族成員普遍認為單身者應該多負一點照顧責任，雖然法律上並無這樣的規定，但是很多人都會有類似的想法。因此老三掙扎了很久，不管他在常春藤名校取得多好的成就，這輩子在家族裡都必須背負罵名。另外，如果因為沒趕回去台灣而錯過見媽媽最後一面，他可能也會一輩子深深自責。

以法律人的立場來說，**當事人今天衡量各種選項後做出選擇，其實都沒有絕對的是非對錯，只有價值判斷的問題。**如果你或身邊親友遭遇類似狀況，即使你們選擇最極端的那個選項（繼續留在美國），其實也沒欠媽媽分毫。如果媽媽之後要向小孩主張扶養責任，老么除付出應該負擔的扶養費用之外，在法律上可說是和媽媽與整個家族互不虧欠。但即使如此，家族成員會原諒他嗎？媽媽若是有什麼三長兩短，可能全部都會算成他的責任。

我覺得這就是親情暗黑的一面。這些難題雖然可以透過法律途徑來處理，但人們總是會有另外一種說法。例如在法律上老么只需要付扶養費，其他都可以不用管，但總有人會說：「哎呀！媽媽生你養你那麼辛苦，現在生病了你都不回來看。」「媽媽最後一面你都不回來見。」這些看不到的家族壓力，都會影響當事人做判斷。如果我們能夠清楚拿掉親情成分，將這個選擇當成商業決策處理，案例中的老么應該會選擇留在美國，或可能回來看媽媽，之後就會直接回到美國，因為這畢竟是他原本規劃的人生路徑。但這樣一個簡單的判斷，在考量親情要素後，竟然會成為前所未見的複雜難題，因為這個題目的答案必須要用一生來負擔。

暗黑親情案例 II——資優小妹想升學，家裡重男輕女只栽培哥哥

這個案例發生在台北市，當事人是家裡的小妹，上頭有兩個哥哥、三個姊姊。她頭腦聰明，但爲了養家只能放棄升學。她的家庭雖然經商，但食指浩繁，其實沒有很好過。小妹的兩個哥哥是天之驕子，家裡的所有資源都給了哥哥，花錢爲他們補習、請家教，希望他們在台北市能讀到建中、台大，一路爲家族爭光。

可是兩個哥哥其實不是讀書的料，儘管家裡特意栽培還是讀了私立學校，並未達到原本父母的期望。小妹的姊姊們則是早就發現家裡重男輕女的觀念，認爲「此地不宜久留」，因此早早就嫁了。在台灣傳統觀念中，嫁出去的女兒如同潑出去的水，水出去了就不用管水桶裡到底會發生什麼風暴。姊姊結婚以後，家裡剩下小妹。

小妹爲了生活瑣事忙進忙出，國中就要開始幫忙煮飯、打理家務，甚至要打零工貼補家用。家族成員並不是只有父母和小孩，還有伯伯、阿公和阿嬤等等，她都要一併照料。即使到了升學的年紀，但家裡父母還是認爲女孩子不必讀那麼多書，不讓小妹繼續升學，

所以家裡不給她買教科書的錢。小妹很認分地想辦法跟別人借，努力讓自己繼續求學。爸媽常常和小妹說必須把家裡雜務做完才能做自己的事，小妹爲了在打雜與求學間能取得平衡點，於是選擇就讀北一女的夜間部。

她努力考上學校後，發覺自己對讀書非常有興趣，而且也深具天分。後來她仔細一想，如果就這麼繼續待在家裡，人生沒辦法有任何改變或翻轉，可能一輩子就這樣結束了。因此小妹在北一女夜間部時期非常認眞念書，後來讀了師大，取得教職。她知道只要在家裡一天，就會一直被家裡成員使喚，可能連談戀愛或結婚的機會都沒有。

爲了進一步脫離家裡，她申請分發到南部的學校當老師，後來遇到未來的伴侶並共組家庭，不但脫離負擔家計的包袱，也發展出自己新的生活圈。

關於案例，律師這樣說

這也是另外一個為了求學跟家裡拉鋸的案例，只是這位當事人找到一個可以妥協的方法。她並未斷然和家裡對立，而是以讀夜間部的方式，讓家人覺得念書似乎不會對她在家裡的勞動有所影響。小妹成功取得中間的緩衝空間、獲得學位，再去追求她真正想要的人生。

故事的主角其實是十分聰明的，如果她一開始就和家裡對立，馬上會面臨一些困難，像是家裡不提供任何生活費或百般責難，之後可能會有完全不一樣的人生。不管是親情或是未來人生規劃也好，我們都會遇到困境，但如果以有智慧的方式處理，不要強力對抗，在困境當中找出可以緩衝的空間，以拖待變，或許會有機會脫離困境。

Part 2

父子親情

1 親子間的遺棄，「棄」中有氣

在這一章節中，我們會談父母遺棄孩子，以及孩子遺棄父母的相關案例。在進入第一個案例故事「父母遺棄殘疾小孩」前，我們首先要來看《刑法》第294條，才能釐清當事人在刑法上的罪責。該條文規定：「對於無自救能力的人，依照法律或契約應該給予扶助、養育、保護而遺棄之，或不為其生存所必要的扶助、養育或保護者，處六月以上、五年以下有期徒刑。」

如果是致人於死的情況，則可能會被判處無期徒刑，或者七年以上有期徒刑。致人於重傷者是三年以上、十年以下有期徒刑。由此可見，遺棄法律上應該要有扶養義務的人，這是很重的罪。

接下來，我們再進一步檢視這個法條的構成要件。

法律上定義為「遺棄罪」的三個條件：
第一，犯罪行為人必須要有遺棄行為。
第二，被害人因為遺棄行為而有生命危險。
第三，被害人是無自救能力之人。

以上三點簡單來說，假設你要對某人做出遺棄行為，而這個人當下會受到生命危險，且他沒有自救能力、沒有他人救助就不能維持生命，這樣才會構成刑事上的遺棄罪。值得留意的是，我們必須要先清楚認識每個法律用語的名詞定義，例如什麼是「無自救能力」。其實白話一點來說，就是這些人的日常起居不能沒有你。在《刑法》上稱為無自救能力之人，按照最高法院32年上字第2497號判例，如果是老人、小孩、疾病、殘廢，導致自己無法排除在生命中遇到的危險，即可被視為無自救能力。換句話說，沒有謀生能力因而沒錢可以買東西吃，或是沒地方住、任由風吹雨打，生病了但無力負擔醫療費用，也算是生命危險。

除了父母遺棄小孩，也有小孩遺棄老邁父母的案例，這兩種狀況都可能在《刑法》上構成遺棄罪。大家可能對此會有個疑問，假設當事人遺棄老邁的父母，但家裡其實有四個小孩，在四個兄弟姐妹之中當事人最有錢、經濟狀況較好，是否就能構成遺棄罪？換句話說，這會變成一個法律問題。如果還有其他兄弟姊妹可以扶養老邁、重病父母，那我自己不扶養是否會構成遺棄罪？

以舊的法律見解來看，其他的兄弟姊妹有能力、可以扶養父母的狀況下，我自己不扶養不會構成遺棄罪。例如在最高法院29年上字第377號的判例，該判例認為所謂的遺棄罪必須是「具體危險犯」。如此看來，只要家裡還有其他兄弟姊妹有能力扶養，我即使不理爸媽出了什麼狀況，在法律上都是沒有問題的。但這種原則似乎悖離中華民族的孝道精神，所以最高法院又出了新的見解，子女如果不扶養，會「直接推定」

對父母造成危險，這個見解比較複雜一些。

以往的法律認為其他手足可以扶養就不算遺棄罪，自己不養就算了；但根據新的見解，如果自己不扶養父母，法院就推定其他人也沒辦法。所謂「推定」就是舉證責任的倒置。因此法院現在的判決慣例是，遺棄父母的當事人必須自己證明其他兄弟姊妹有能力養，而不會造成父母生命安全上立即的威脅，舉證責任在於被指控遺棄的那個子女。自己舉證會有什麼效果？以法律人角度來看，舉證之所在，往往是敗訴之所在。若是今天換成行為人自己要舉證，他會被認定為遺棄罪的機率就大大地提高。不管是舊的見解還是新的見解，法院的立場其實沒有改變，法官還是認定只要有人扶養子女，其中有個子女不扶養也不構成遺棄。

但是舉證責任的歸屬因新、舊見解變化而有不同，之前是檢察官要舉證，現在變成行為人要舉證。法律上的見解並未有所不同，父母必須無人扶養才構成遺棄，但是在舉證責任轉換後，實務見解的認定標準就會有不一樣的調整。我們把這些構成要件放到現實的案例裡，看看有哪些狀況可能會構成遺棄罪。

暗黑親情案例 I——父親遺棄殘疾小孩

這個案例的父親身分是香港人，但一樣可以用遺棄罪的構成要件檢視到底有無遺棄的狀況。一位香港籍父親獨自扶養11歲的小孩（此案例沒有提及母親），這個孩子是一般人常說的遲緩兒，智能遲緩且不能控制自己的膀胱。11歲的年紀已經不是幼兒，但在公共場所常突然撒得亂七八糟。爸爸對此非常困擾，他表示隨地便溺在香港會受到嚴重的歧視。我個人對此提出強烈質疑，爲什麼不給孩子穿紙尿褲就好了？我覺得歧視都只是父親的說詞而已，只要更換紙尿褲，把他當大小孩照顧就好。但這些父母爲了遺棄小孩，什麼爛理由都說得出口。

這名父親是個愛面子的人，不想讓別人知道小孩有這些狀況，所以他不願意向社福機構求助。其實小孩若有智能障礙，家長可以把他們送到教養院或是啓智學校等等，讓他們在適合的環境裡成長。可是這案例的父親不想背一個「小孩送去啓智學校」的標籤，他會覺得面子掛不住，所以即使在家扶養讓他有很多壓力，他還是選擇把小孩藏在家裡養。

隨著每天消耗的心力與日漸劇增的壓力，他開始研究如果把小孩送出國，哪一國的福利對於這類遲緩孩子的照料比較好。研究之後發現，新加坡的福利對於智障兒的整體福利狀況是最好的。這名父親靈機一動，買了兩張機票飛新加坡，但他爲兒子買的是單程機票，打算帶出國之後就不帶回來了。他下飛機出關以後，就把兒子帶到一個很熱鬧的公園，假意說要買東西給孩子吃，把人丟包後就跑了。爲了避免兒子被遣送回國，這位父親還把孩子的護照撕掉，鐵了心要把兒子留在新加坡，自己悄悄溜回香港。

關於案例，律師這樣說

案例中的父親以為自己悄悄溜回香港，一切就能瞞天過海，但是事情當然沒那麼單純，護照撕掉了也改變不了兒子是香港人的事實。這孩子已經11歲了，雖然智能遲緩，還是有基本的表達能力，一開口又是講廣東話，警方最後循線找到這位自以為高明的父親。

新加坡政府把這個孩子送回香港，而爸爸在香港須負刑事責任，被判六個月有期徒刑。其實讓我好奇的是，法官以遺棄罪把這個父親送進監牢裡，在監獄服刑期間，到底又要誰來養這個孩子？這其實很矛盾，法律都說不能遺棄他，又把遺棄人（父親）抓去監牢裡，那是國家逼他遺棄這個孩子嗎？所以我常認為，在法律條文之外的現實世界，法律跟現實生活似乎沒辦法總是搭配得很完美。

暗黑親情案例 II——小孩拒絕扶養重病父母

當事人張男家裡環境比較特殊，爸爸在他小時候就入獄服刑，媽媽隨後改嫁，小孩丟了就跑。張男還有個妹妹張女，兄妹倆都是由姑媽養大的。可憐的人若是一路上過著可憐的人生，或許一輩子就這樣過下去，不過張男頭腦很聰明，高中時考取第一志願台中一中，但他住在彰化，到台中一中讀書除了要負擔學費之外，還有住宿和其他雜支。

他讀高一的時候死撐活撐、縮衣節食，但四處打工還是沒錢，一度快承受不住。雖然他是由姑媽養大，但是姑媽也沒辦法負責他一輩子的人生。姑媽的想法就是家裡多一口子人吃飯沒問題，多一雙碗筷也沒什麼，但如果要另外提供念書、補習等開銷就沒辦法了。尤其姑媽經濟狀況也不是很好，只能要求張男自己獨立。

後來張男讀到高一下就輟學，他並不是因爲成績不好（國中階段沒補習卻能讀到台中一中，可見本身資質很好），而是無法自己負擔念書的費用。張男輟學之後過得很慘，爲了生存四處打零工、流浪。換句話說，他的人生下半場一直都是自力更生。母親多年來沒有來過一通電話，逢年過節也沒見過面。張男之後再見到離家改嫁的媽媽，是在他65歲的時候——因爲中風的媽媽請求張男扶養。

當時張男已經65歲，他從沒想到這輩子會再見到自己的親生母親，而且竟然是在法院……。

關於案例，律師這樣說

張男對於人生只有滿滿的憤怒，如果他能夠有機會好好求學，甚至進入好的大學，開啟自己的人生下半場，他可以有完全不一樣的結果。但他最後淪落到沒有完成學業，只能打零工維生，他認為的罪魁禍首還在自己65歲時回來要求他扶養，這讓他既氣憤又難過。

最後，張男還是拒絕扶養媽媽，媽媽在社福單位的輔導下找了法扶律師提告，要求張男負擔扶養義務。法院認定母親在張男小時候離開，在這個小孩需要扶助、沒有生活能力時，媽媽自私地離開家庭、拋棄小孩，實質上形同遺棄，最後判決免除張男之扶養義務。

張男在就讀台中一中時，其實只要籌到學費就可以繼續升學，所以他曾經想辦法找媽媽求助。公立學校學費並不算昂貴，而且小孩有讀書的資質，對一般父母來說是很光榮的事情，但張男媽媽當時斷然拒絕。其實依媽媽的經濟能力是可以負擔的，而且兒子只有要學費，並沒有要求生活費，由此可見這名母親根本沒扮演好扶助小孩的角色。

有趣的是接觸許多案例後，我發現不少遺棄孩子的父母常常都會罹患中風。也許今天種下什麼因，就會得到什麼果，這個果就自己要負擔，偏偏現代人很多是種了這個因，就要拖別人下水一起承擔結果。但在法律上，法官都會對此有一些衡量的機制。

在此分享另外一個相似的案例，提供大家和上述張男案例作比較。當事人是家裡的哥哥，和妹妹都是親友接濟長大的。爸爸在兄妹小時候就酗酒和賭博，媽媽則是選擇離家出走，所以哥哥、妹妹從小就相互扶持，親友輪流扶養這對可憐的兄妹。多年以後爸爸中風被社會局安置，社會局通知兄妹把爸爸接回家。

哥哥一接到社會局的電話，聽到是他爸爸的事情，所有不開心的情緒油然而生，便開始罵起電話另一端社會局的承辦人員，抱怨爸爸對兄妹倆不聞不問，以前自己生病的時候也放不下賭博；妹妹則是一聽到社會局講到爸爸的事情，就馬上把電話掛掉。社會局其實只是一個社會福利機構，面對這對兄妹如此糟糕的態度，社會局的承辦人員當然也有情緒。和爸爸溝通後，社會局幫忙找了法扶律師提告兄妹《刑法》上的遺棄。

以前面提到「構成遺棄罪的三個條件」來看（P.055），因為子女確實有遺棄行為，甚至不理社會局；爸爸已經中風、快活不下去，僅靠社會局救助，確實有生命危險也無自救能力。照這個邏輯，哥哥跟妹妹是不是都會有被判定遺棄罪的可能？但是爸爸以前這麼糟糕、在外酗酒賭博，現在生病了就要回來，回不了家就要告子女遺棄罪，這些似乎聽起來又不太合理。法律規定也並非不近人情，根據《刑法》第**294-1**條，有規定特殊狀況就可以免除遺棄罪的刑事責任。我們可以參考《刑法》第**294-1**條第四款，其中提到無自救能力的人，之前沒有正當理由，對於扶養義務人沒盡到扶養義務超過兩年，且情節重大，就可判定為特殊狀況。

重新檢視這個案例，媽媽很早就離家出走，這倆兄妹未成年以前的扶養義務應該由爸爸承擔，但爸爸長期在外酗酒賭博，沒有理會這兩個孩子，符合上述《刑法》第

294-1第四款（超過兩年以上沒有扶養）。因此即使兄妹沒有扶養爸爸，也不會有《刑法》上遺棄罪的問題，但這只是刑事責任，民事責任的部分則須由法官裁決。依此狀況，這對兄妹一定可以酌減民事責任，但能不能完全免除就要法官按照客觀情況判斷。

暗黑親情案例 III——父親跟小三跑，年邁返家求扶養

台南謝男家裡經商，經濟狀況不錯。他的爸媽開了一家服裝店，但實際上都是媽媽負責經營店裡的大小事。爸爸名義上是服裝店的負責人，但人都在外面到處跑，甚至還會性騷擾員工，最後還是媽媽拿錢出來和對方和解。後來服裝店的生意不好，家裡雖然把服裝店收起來，但仍然小有積蓄。想不到爸爸竟然拿著收掉服飾店的現金跑了，沒人知道他去了哪裡。謝男當時剛剛從東海大學畢業，弟弟則是還在讀大學。後來發現原來爸爸正和媽媽的好朋友在一起，還開了一間電子遊藝場躲起來，不讓家人知道。

媽媽少了這筆錢還是要想辦法做生意養家，便從台南搬到台北開麵攤養兩兄弟。謝男後來考上交大碩士，又在交大拿了一個博士，期間他爸爸也都沒出現。他的弟弟從小不愛讀書，成績沒像哥哥那麼好，但後來轉學考考進台科大，畢業進入鴻海工作。可以看得出來這個家庭雖然少了爸爸，但兩個小孩子都很爭氣。但就在兄弟倆工作之後，他爸爸突然出現了——原來爸爸中風了。

爸爸中風之後找了社會局開立殘障證明。請法扶律師寫律師函，起訴要求兩兄弟給付扶養費，小孩忍不住問爸爸：「你不是在外面好好的嗎，爲什麼要回來找我們？我們都分開了，分乾淨就好了，你爲什麼要回來找我們？」

結果一問之下倆兄弟才知道，原來小三一發現爸爸中風就不願意繼續扶養，甚至丟給兄弟倆的姑姑（爸爸的姐姐）處理。但是即使再怎麼緊密的姐弟關係，也不可能長期扶養。加上姑姑的小孩又是檢察官，十分熟悉法律相關規定，所以這名父親才會在姪子的提議下請求兩個兒子負擔扶養費。

爸爸中風的原因特別戲劇化。當時大家都很流行玩寶可夢，一個寒流來的早上他睡不著，一大早四點多騎著腳踏車去抓寶可夢，結果因爲溫差太大才中風。諷刺的是，這名父親年輕的時候開電動店離開了自己的孩子，年老的時候又是因爲玩遊戲回來要求他們扶養。當事人自然是氣得要命，若父親過好自己的晚年，親子之間再無相欠也罷，但遇到了這個狀況也只能交給法院判決。

關於案例，律師這樣說

前面提到的幾個遺棄案例，當事人是因為父母失職、童年未能受到妥善照顧的子女，法院最終全部都判免賠，但這個案例卻有不一樣的結果，法官最後判定謝男與弟弟還是必須要扶養父親。這個判決結果可能你我都覺得不公平，這就是法律比較特別的地方，法院的判決過程並不像是一部機器，把資料丟進去就能直接跑一個結果出來；法官會檢視當事人兩邊怎麼說明、證人怎麼說明。

以這個案例來看，法院認定爸爸離家得晚（當時兒子已成年），推定之前可能還有扶養子女的狀況。按照媽媽的證詞，爸爸有時候還是會顧店，因此可能還是有扶養的事實。但這不是理所當然的嗎？爸爸掛店家的負責人，偶爾顧店本來就是正常的，到最後法院竟然是以此判定親子之間相處的狀況?!我可以翻譯法院的心態——「**這兩兄弟現在過得很好，一個月丟一點錢養爸媽又如何？**」相比之下，先前提到的那些免賠案例，子女的經濟狀況都不是很好。

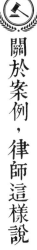

可是這樣的原則公平嗎？我覺得若以齊頭式平等的觀點來看並不公平，不過若以經濟能力來看，似乎又有那麼一點道理。但這不等於也在懲罰認真工作的人嗎？不只家族成員會說兒子不孝，讓你背負罵名，法院其實也在欺負你。被拋棄的孩子認真工作，對自己的人生負責，才能過上不錯的生活，但法院最後因為爸爸去抓寶可夢中風來懲罰孩子。以這個案例來看，法院判決真正能夠確保人們的權利嗎？或許法院只想保障他們想保障的人。

很多事情的現實面都非常暗黑，不論親情、人情、法律……這個案例還有一個可惡的地方，就是當事人的爸爸找了法扶律師，強調自己完全沒有謀生能力。但透過法院函詢勞工保險局一查，這爸爸明明好手好腳，還在當社區保全，和他中風前的工作一模一樣，這根本就是詐騙！但他為什麼有本事詐騙？因為他中風當時去找社會局，利用社會局幫他申請輕度殘障的手冊，而這個手冊的資格認定不需要精確的治療或判斷。許多人通常認為行政機關不會有任何的偏頗，但還是有這種狀況。

我認為這個爸爸是為了應付姐姐而去提告，但這其實有點悲哀。判決有所謂的「既判力」，假設孩子經濟狀況有變化、付不出扶養費用時，他該怎麼辦？他自己都過不下去，老爸仍然可以拿這個判決強制執行。父親不管小孩的前半生，卻還要來毀掉他的下半生。即使訴訟已經結束，這些親情相關的案例還是有很多看不到的人性醜陋面。以這個案子來看，其實法官原本可能判賠爸爸不能跟小孩要，因為爸爸有工作能力，他明明可以養活自己。但就是因為父親看起來很可憐，再加上他領有輕度殘障手冊與社會局出面，最後因為小孩生活過得不錯而判賠。

換個角度，以這個案例來說，**我會建議大家「錢財不要露白」，不要讓家族其他人知道自己經濟狀況**。以前的時代都是父母炫耀小孩高薪賺大錢，現在不一樣了，低調才是好事。連法院的風氣都是對有錢人比較不友善，劫富濟貧可能已經變成一個普世的價值，但我們自己讀法律的人不見得認同。案例的謝男和弟弟之所以有錢，都是他們自己努力爭取來的，不該只是因為有錢就要承擔一些他原本不應該負的責任。

2 子女成了「繭居族」；養兒防老，還是養兒「妨」老？

現今日本和台灣的社會出現一個特殊的專有名詞：「繭居族」，也有人稱作啃老族、尼特族。就字面上的意義來看，是指把自己當成蠶繭，將自己和外界隔離開來、待在自己的空間裡，對外沒有互動和聯絡。根據日本厚生勞動省對於「繭居族」的定義，凡待在家裡6個月或更久，期間不工作、不上學，也不從事社交活動者，他們選擇與社會隔離，過著自我封閉的生活形態。

人活在世上本來就會有花費和支出，一般人生活所需的金錢不外乎是自己賺取或是繼承而來，但繭居族是伸手和父母要錢，而非選擇在外工作。這些人老年的時候，通常沒有辦法自食其力，因為他們從年輕時就習慣向父母要錢，老了也一樣和家裡伸手。但當爸媽不在人世，繭居族的人該怎麼活下去？繭居族長期、高齡化，已成日本新社會問題。

繭居族並不限於年輕人或剛畢業的青壯年，在高齡化的日本社會，也有80多歲的年邁父母每天必須面對40～50歲足不出戶的子女。他們前半輩子好不容易拉拔孩子長大，後半輩子還得繼續扶養，這對他們來說也是很沉重的壓力。

繭居族不願與社會連結的原因是什麼？父母的教育是否出了問題？社會的壓力與現狀是否讓人們的內心充滿焦慮、失去希望，進而選擇自我封閉？這些都是值得深入探討的議題。

暗黑親情案例——日本外交官弒子

這是一個日本外交官親手殺死自己兒子的故事。案子發生在二〇一九年六月一日，地點位於東京，殺人兇手是一位外交官父親，而被害者是這名父親的親生兒子。這名父親叫作熊澤英昭（在此簡稱爲父親），他在二〇一九年時年滿76歲，俗話說「人生七十古來稀」，76歲已經算是年紀很大了；而他的兒子叫作熊澤英一郎，當時年紀是44歲。兒子從小就是整天賴在家裡、賴著父母，不管發生什麼事情，都只看父母能夠怎麼處理、以父母爲靠山。

這案例最特別的地方在於父母兩人都是外交官，這在一般人的眼中是非常優秀的，在政府文官體系裡也屬於高階的職位。理論上外交官的子女應該都是人人稱羨、成長過程享有比較多資源的人生勝利組。而子女擁有能夠爲了國家對外服務的爸媽，應該也會感到非常榮耀，但是熊澤英一郎先生並沒有展現這份榮耀，好好對待父母，反而濫用父母優越的社會經濟地位。

他不到外面工作，整天窩在家裡，喜歡宅在房間裡打電動，尤其喜歡打RPG遊戲（角色扮演遊戲）。日本最有名的RPG是《勇者鬥惡龍》系列。當時在《勇者鬥惡龍》的社群裡，熊澤英一郎是相當出名的玩家。根據他的自述，光是每月花在《勇者鬥惡龍》的儲值金額就高達三十二萬日幣。面對一個沒有工作能力、整天窩在家裡的兒子，卻有那麼多錢供他花用，想必他的父母也相當無奈。

熊澤英一郎拿父母的錢一點都不感恩，並且對於社會有很嚴重的仇恨情感。他曾在推特（twitter）裡向網友分享：「父母既然把我生下來，就應該負責到我死前的最後一秒。」如此心態讓人匪夷所思。他認爲都是父母沒有經過自己允許就把他生下來，既然生出來就要負責，所以他的人生只有別人對他負責，並沒有自己要對別人負責的念頭。這名父親不只是曾經派駐在捷克的外交官，還是日本農林水產省的事務次官（如同台灣的農委會副主委），已經是官拜高階，但面對一個擺明要賴著父母、在家還有暴力行爲的兒子，仍然只能長年忍耐，也擔心自己走了以後孩子會成爲社會毒瘤。

事發當天熊澤英一郎突然瘋狂抱怨住家附近的學校小孩很吵，父親想到長久以來的問題一直找不到解決的出口，而當時又有疑似精神患者攻擊無辜學童的新聞，再聯想到自己兒子，不知所措下突然間拿起一把菜刀，朝兒子的胸口及腹部砍殺數十刀，最後被日本警方逮捕。相較於前面提到小孩棄養父母或父母不養小孩的法律關係，這個案子是小孩長年賴著父母，最後演變成人倫悲劇。

這個案子在二〇一九年十二月十三日第一次開庭，父親能澤英昭開庭時陳述：死者在小時候有被霸凌的狀況，被霸凌的兒子回家後就會毆打媽媽或是爸爸。但是父母出於對兒子的疼愛，選擇忍受暴力。兒子曾經搬出家裡，在東京試圖獨立生活、找工作，家裡也給他很多資助。不只幫他繳房租，甚至還定期幫他收拾清掃居家環境、倒垃圾。後來兒子在家裡支持之下找到了工作，但上班沒幾天就在網路上寫上司的壞話，因而被公司辭退。兒子不滿之餘說出「明天會有社會事件發生」、「想拿菜刀刺死上司」等等的恐怖言論。爸爸知道以後十分擔心兒子會傷害別人，便把兒子接回家同住，想不到竟是家庭噩夢的開始。兒子回家後開始徹底擺爛，一心只想打電動遊戲，心情不好時就會和家裡發生衝突，甚至毆打父親。這個家庭其實還有一位女兒（熊澤英一郎的妹妹），她也被家庭糾紛掃到颱風尾，許多交往對象因爲知道她家裡有一個瘋狂的哥哥，相親屢屢失敗，後來心情低落而自殺死亡。

家裡有一個讓人頭痛的麻煩人物，造成家庭成員很大的負擔。爸爸長期處在巨大的心理壓力下，擔心兒子會讓無辜的外人受害。就這角度而言，爸爸很清楚自己在做什麼。這位父親是東大法律系畢業的，有法學專業的背景，他知道做這件事必須付出什麼代價。在他意識如此清楚的狀況下，仍然出於自己的認知，以結束兒子生命的方式阻止他出去害人。這是日本慣有的家庭價值觀念——「兒子是自己生出來的，等同於這麻煩也是自己製造出來的」。父母因而會希望這麻煩不要造成社會上更大的麻煩，寧願親手了結孩子的生命，擔下自己該負擔的責任，最終導致一場家庭悲劇。這個案例中，爸爸看似對兒子長年有恨意和不滿，但媽媽在開庭時有出席作證，爸爸已經交代家裡，如果自己日後被判處死刑，希望遺體火化之後能找個好地方和兒子骨灰一起埋葬。在爸爸的認知裡，即使兒子有很多不好的地方，他還是很愛自己的兒子，但他表現愛的方式是親手結束兒子的生命，避免兒子去造成其他人的損害。

關於案例，律師這樣說

這個案例雖然發生在日本，但我們一樣可以套用台灣的法律來討論。《刑法》針對殺人行為有特殊身分的規定，例如若是生母殺嬰兒，小孩畢竟是自己懷胎十月生下，母親絕對不會沒事殺小孩，或許有一些旁人難以理解的因素。因此《刑法》的第274條裡提到：「母親如果是出於不得已的事由，在生產時或是剛生產後殺害子女者，處六個月以上、五年以下的有期徒刑。」

針對特殊身分，我國《刑法》會有特殊考量。但是上述案例是父親殺害兒子，而且兒子已經44歲了，在這種情況下刑法並無特殊的免責、減刑規定。即使父親看來是個很好的公務員，願意用他餘生待在牢裡交換其他小朋友的安全。姑且不論父親是否有精神狀況，試想如果有這樣的兒子，多年來不事生產、整天沉迷網路遊戲，就算本來精神狀態正常，一般人可能也會在日積月累下產生一些問題。

很多人可能會強調這是比較偏激的個案，但我認為現在愈來愈多的青少年都對於網路世界和電玩遊戲非常沉迷。有些人沉浸其中，甚至覺得自己是電動中的角色。當然每個人的生長背景和人格特質都不同，我們不能對此一概相提並論。但可以確定的是，虛擬世界肯定會是未來的主流，繭居族、啃老族的案例很可能會因此增加，類似的案件會不會因此變多，值得我們觀察。

為了避免下個不幸的案子發生，我們必須思考父母在養育過程中的位置。父母何時應該給予孩子適時幫助？何時應該適時放手，讓小孩為自己的人生負責？這是艱難但每個人都必須重視的問題。在此舉另外一個案件作比較，約莫三、四年前，內湖有個媽媽正帶著3歲的小孩（小燈泡）過馬路，這個孩子被一位王姓男子（王景玉）拿刀砍殺頭部，頭直接與身體分離，當時親生母親就在旁邊目睹一切。這是人間的慘案，小孩那麼可愛地來到人間，結果遇到如此兇殘的兇手。王景玉與被害者素不相識，兩人之間沒有任何仇恨，也沒有任何口角與糾紛，是一個隨機殺人案件。

當記者詢問王景玉為什麼要殺小燈泡，王景玉回說自己是堯帝的化身，他只要殺了一個人之後，就會另外產生獎勵，會有個女生跟他傳宗接代，他是為了傳宗接代而殺人。這個理由聽起來很瘋狂，但根據《刑法》，如果殺人時精神狀況或是神智有不清，當事人可能就會得到減刑。甚至必須為此做一些精神鑑定，確認兇手在殺人時知道自己在做什麼。

王景玉因為殺人罪被關到看守所後，外界才發現他的家人對其十分溺愛。即使他犯下了滔天大錯，由家人委請法扶律師為他辯護，家人一開始也是要求王景玉道歉，展現自己有心悔改，讓法官覺得還有教化之可能，看能不能逃過死刑。但王景玉自稱被堯帝附身，基本上是和精神病沒兩樣的藉口。王景玉在看守所裡要求家人供應他電池，並與家人索討麵包、肉鬆，他不斷抱怨看守所內伙食太差，而他家人也是如數供應。我覺得王景玉的家人似乎按照熊澤英一郎的諭示，繼續一如往常對待王景玉，即使他犯下大錯。

值得深思的是，家中成員有啃老族的症狀時，我們該怎麼處理？目前遇到很多案例都是沒工作的孩子和家人說自己在當老闆或是做網拍，實際問他網拍一個月賣幾件或是能不能出示宅急便運送單，他卻拿不出來。如果**你家中成員有類似狀況，我會建**

議孩子不只一個的家長，應該先分配和規劃財產，力求每個小孩都拿到一樣的遺產金額。這看來有點像是懲罰，比方說我的哥哥認真在外工作、擁有好的社會經濟地位，但我整天在家鬼混，人生目標就是從爸爸、哥哥手中繼承房子和財產。從事法律工作以來，這樣的案例其實屢見不鮮。如果父母先有預感這樣的事情即將發生，可以在生前預先分配財產，把財產分割、處分甚至是信託，而且是在孩子面前做這些安排，讓啃老族的孩子可以清楚看到他能啃的財產是有限的。舉例來說，房子信託之後留給小孩每個月的費用，可依照與銀行的合約約定，每月只撥給小孩一萬元作為生活基本開銷。預先讓小孩知道父母能幫的狀況就只到這個限度。也許事先做好財產分配，就能盡量減少啃老的案例。相關規劃細節可參考Part 8之內容。

Part 3

夫妻姻親

1 夫妻本是同林鳥，大難來時各自飛

大家都知道夫妻在法律上必須互負扶養義務，《民法》第1116-1條明文規定，夫妻要負的扶養義務等同直系血親卑親屬。簡單來說，夫妻所負義務的順位是最前面也是最重的；有義務就有權利，夫妻之間受扶養的權利也是等同直系血親尊親屬。

在這樣的互負扶養義務法律制度下，夫妻之間如果有遇到任何狀況，包含身體或財務上的困難，都必須攜手共度難關。這也是結婚時雙方誓詞常常提到的版本——主婚人在結婚的場合裡詢問新人：「你是否願意愛他一輩子，不論貧窮或是疾病？」通常兩邊主角都會說「我願意」，婚姻才能夠繼續下去。

然而有句俗諺是這麼說的：「夫妻本是同林鳥，大難來時各自飛。」現代社會的

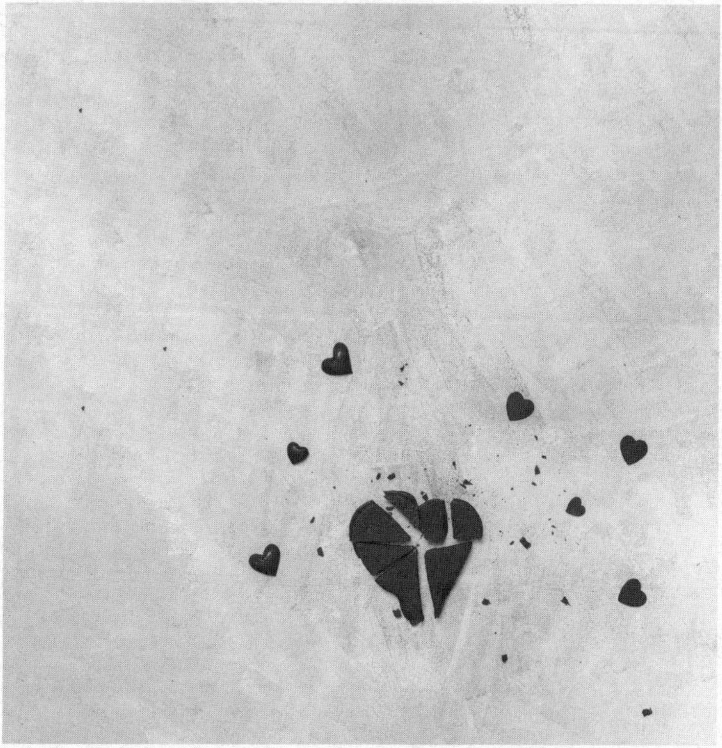

夫妻常常遇到狀況就拋下另一半，例如夫妻之間有一方身體出了狀況，或是在金錢、財務上遇到重大困難。這部分比對結婚誓言，不免顯得有點矛盾和尷尬。誓言裡提到不論貧窮、疾病都會愛對方一輩子，但事實上也正是因為貧窮或是疾病導致婚姻破裂。

暗黑親情案例——先生欠債，太太該代為償還嗎？

一對結婚前長時間交往的夫妻，兩人最初交往的時候是國中班對，一路分分合合，最後邁向婚姻。太太在結婚後報考公務員，擁有一份穩定的公職工作；先生家裡原本就有經營小生意，在他的努力下愈做愈好。在傳統產業、台北社交圈裡，先生也變成名號響噹噹的人物，小有名氣。婚後先生對太太也很好，隨著三個小孩逐漸長大，先生覺得要給太太更多的保障，因此以太太的名義陸續買了好幾間房子，希望體恤太太的辛勞。

因爲先生交遊廣闊，事業又做得不錯，於是開始有人上門借錢，他在能力範圍內也盡力幫助朋友。關於借錢，許多人常說「救急不救貧」，但常常遇到的是又急又貧。另外比較麻煩的是，有些上門求助的狀況是先生的朋友或是商業夥伴需要投資。商人投資時因爲資金需求，常常會有開槓桿的情形。

所謂開槓桿是手上只有一千萬的現金，但是以融資的方式投資五千萬的生意。這種投資方式在生意穩定或是大環境符合預期的情況下都沒有問題，但如果遇到經濟衰退或是市場萎縮的特殊狀況，可能就會發生財務危機。

後來先生在與朋友投資其他生意時，因爲槓桿開太大，資金周轉不過來，導致外面的債主上門。債主有分兩種，一種是金融機構的債主，就是利用銀行的借款、放貸程序借到的錢。這部分如果沒辦法還，銀行就會把欠款人的抵押品拿來拍賣，變價清償。銀行基本上催討都要符合法律程序，所以比較不會遇到不理性討債的狀況。

但是借款還有另外一種，是銀行外的放貸，包含用公司、自然人、個人名義，放貸給有資金需求的人，我們稱作「民間借貸」。這種債主就會透過討債公司，運用大家耳熟能詳的抬棺、撒冥紙、潑漆、威脅家人等等不入流的手段，達到逼人還錢的目的。

由於先生在外積欠民間借款，民間借款的債權人跑來家裡鬧事。這位債主很有本事，他發現原來太太的名下還有那麼多財產。先生投資的公司發生財務危機，本身名下也沒什麼現金，但太太名下有很多積蓄，所以債主就把歪腦筋打到太太的身上，對她施加壓力，讓她以「妻償夫債」的狀況處理債務。

太太原本跟先生相處很融洽，但是遇到投資上突然發生失利的狀況，導致家中經濟發

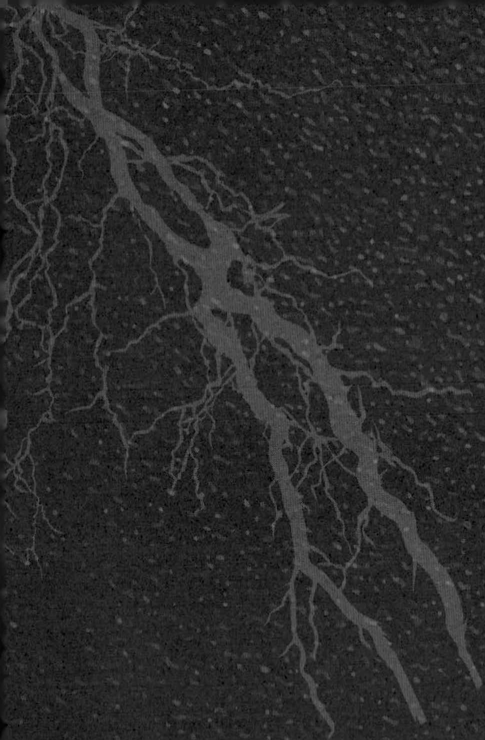

生財務缺口。太太一開始單純只覺得是錢的問題，但欠債金額龐大，如果要補足先生的財務缺口，家庭經濟可能很難維持原來的消費水平。在這種特殊狀況之下，太太究竟有沒有其他選擇方案能夠面對家裡的財務危機？

關於案例，律師這樣說

貧窮及疾病往往是造成人們從婚姻中離開的重大因素，以下分別談談三個常見的離婚事由。

常見離婚事由1：配偶一方負有債務

大老闆當初風光娶妻，但是婚後因為經商失敗，太太為了家庭生計或是避免債權人的不理性行為，選擇離婚，這類案例我們時有耳聞。不管是在鄉土連續劇或一般老舊觀念裡，都常常聽到這種論調：「妳老公欠錢，當老婆的幫忙還錢剛剛好！」但在法律規定上確實是如此嗎？其實這種說法不完全錯誤，債主有可能利用《民法》上代位權的規定向老婆要錢，例如老公在外面欠了賭債或是欠了酒店酒錢，結果債主跑來家裡跟老婆做強制執行。但《民法》為因應社會現況有做過調整，以民國一〇一年當作分水嶺。

法務部於民國一〇一年時修法刪除了《民法》第1009條及1011條的規定，這兩個規定是：夫妻若在結婚時或結婚後沒有約定要用什麼樣的財產制（如分別財產制或其他財產制），則直接適用「法定財產制」。所謂法定財產制，意思是結婚後各自的財產會共同累積在無形的資產領域裡。簡單來說，我的錢跟你的錢是一起的，外人看來就是夫妻共同擁有一大筆資產，如果夫妻想要分開，這一大筆資產就要做結算。較不富裕的一方可以跟另一方要求兩人財產一半的差額，轉成分別財產制。

以前討債公司很厲害，常常造成社會上的亂象。例如丈夫經商不善，在外面欠了一屁股債，老婆則是上班族，有穩定薪水及積蓄，討債公司會利用代位權利，「代替」欠錢丈夫要求法院宣告把原本夫妻間法定財產制改為分別財產制，這個手段是完全合法的。

正如剛剛提及的，如果要把法定財產制改為分別財產制，必須結算夫妻之間的財產，沒錢的人可以跟有錢的人要兩人財產間財產差距的差額。老公都已經在外欠下一屁股債被債主追討，通常會是夫妻之中比較窮的一方。這些討債公司╱債權人透過法院聲請宣告，改用分別財產制，如此老公就會有請求權，可向老婆請求兩人間剩餘財產差額的一半。這請求權理論上是老公享有，但在修法前，這請求權是可以被代位的。因此很多討債公司會利用這代位權向有錢的妻子主張替老公代位拿到錢，但錢沒進老公口袋，而是直接抵償老公在外所欠的債務。如此一來會造成一個情況：配偶代為清償債務，也就是老公欠錢，到最後實質上是老婆還錢。大家可能會覺得很不公平，老公還了錢之後，老婆還能跟老公要錢嗎？不行，因為在法律上認定那原本就是老公的錢，縱使老公不想跟老婆要，但在這樣的代位權規定下，這些討債公司及債權人還是可以利用法律去和當事人無辜的配偶請求清償債務權利。

後來法務部發現這樣的亂象，在民國一〇一年之後刪除了《民法》第1009條與第1011條的規定。最重要的一塊修法是修正第1030-1條，把原本的剩餘財產分配請求權改為配偶一身專屬權。這個請求權利既然是一身專屬權，就不能轉讓與代位，也不能做處分，所以這些討債公司再也沒辦法利用代位權的規定主張夫妻間的剩餘財產請求權。換言之，根據現在的法律制度，不會再有妻償夫債這種不合理的狀況。

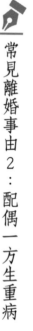

常見離婚事由2：配偶一方生重病

除了經濟狀況以外，重病也是常見的離婚事由。夫妻之間如果有一方得到重病，常常導致另一半拋下重病配偶，尋求更好生活。跟大家分享一個累積二十年相關數據的美國研究，該研究結論為：夫妻間如果有一方得到重病（一方分成妻子及丈夫），離婚率的變動會有不一樣的數字。舉例來說：如果是妻子得到重病，由丈夫提起離婚而導致離婚的機率高於一般離婚率6%；若是丈夫得到重病，則雙方間離婚率並無顯著提高。因此，我們可以得到一個簡單的結論：似乎**男人比較薄情**。但事實上是否有這樣的狀況，可能要考慮很多變數或民情風俗，例如妻子重病時，男方可能會因為年紀的不同，有其他潛在的另外一半。如果男方經濟基礎不錯，在妻子重病的狀況下，似乎可以再找到願意照顧這男生的女生。相對於男方重病、女方在有相當年紀的狀況下再找另外的男性陪伴，似乎是女方重病、男方再找第二春的機會較高。這有可能是男方離婚率提高6%的原因之一。

無論夫妻哪一方重病，只要一方生病，原則上要由另一方負扶養義務。扶養義務通常第一個聯想到的是金錢支出，但在實務經驗上，金錢支出可能並不是最重的負擔。因為實際照顧罹患重大疾病的配偶，金錢支出大部分是醫藥費、看護相關費用，但我認為實質陪伴是另一個扶養上更大的成本支出。換句話說，你可能會因為配偶生病而打亂日常生活或是生涯規劃，人生從此就跟生病的配偶綁在一起，變成是共同體離不開了。

既然遇到配偶生重病，到底離婚是好是壞？離婚有什麼缺點？其實以暗黑角度來看，常常會取決於生重

病這方財力狀況為何，以及照顧一方財力狀況為何，這是很現實的事情。如果今天生病的一方財務狀況好於沒生病的一方，通常離婚的狀況就會較少。如果今天罹病的人財務相對弱勢，結果照顧的人財務狀況也不是很好，可能就會發生上述美國研究的情況，離婚率因此提高。實務上遇到很多案例，雖然夫妻之中有一方生病，但配偶離開卻不必然只以病情狀況為依據。例如單身來台灣的老榮民，最後遇到在地女性願意陪伴、照顧，甚至結婚，對於年紀落差不小的老少配，有些是真愛，有些則是為了老榮民的退休俸、財產。

附帶一提，有些人心裡會有類似的疑問：如果我生了重病，希望不要影響到配偶，我願意放手讓另一半擁有新生活，但我真的病到無法離開病床，辦離婚又必須做離婚登記，該如何到戶政事務所完成相關手續？其實根據政府規定，可比照戶政事務所辦理結婚登記作業規定裡有關結婚的部分，由戶政事務所的人員到指定醫療處所辦理相關離婚登記。

常見離婚事由3：子女有先天重大殘疾

離婚的突發事由除了負債和重病，另外一個實務上常見的事由是「子女患有先天重大殘疾」。原本夫妻倆交往或是結婚時都沒有不合，沒人生病也沒人在經濟上發生重大變故，但子女卻患有重大疾病，例如：唐氏症、器官先天上缺陷、智能不足等，這些皆歸納為子女有先天重大殘疾。

小孩是婚姻的結晶，按照宗教的講法是「上天的禮物、最棒的祝福」，但有時候這禮物的成本是比較高的。照理來說，生了一個有重大殘疾的小孩，基本上父母本來就要負扶養義務。扶養義務的扶養型態有兩種，一個是實質的陪伴，一個是金錢費用的支出。費用支出雖然是重要的考量點，但最麻煩的其實是陪伴，陪伴可能要用一個人的下半輩子、餘生來陪伴。所以很多父母到後來會選擇離開，有的人則是選擇繼續堅持。不管離開或是繼續堅持，既然小孩生下來了，就是法律上活生生的自然人，他享有憲法上賦予的相關人權。在這種情形下，這個社會絕對不可能因為小孩有先天重大殘疾就拋棄、不養他，甚至是躲避他。不過，到底誰要養他？

在相關《民法》裡有提到，直系血親尊親屬都有扶養義務，換句話說，先天殘疾小孩的扶養人就是父母。但若父母離婚呢？這時就要看離婚原因是雙方合意或是由法院判決，如果是合意離婚，在離婚協議裡就會約定小孩由誰照顧、費用該如何分擔，在法院判決離婚狀況下，法院判決裡也會交代小孩照顧義務及照顧費用應如何分擔，因此夫妻離婚的狀況相對單純。

最棘手的狀況是配偶突然落跑，例如爸媽生了殘疾小孩，媽媽繼續照顧小孩，但爸爸落跑了，媽媽沒有跟爸爸離婚，也找不到爸爸人在哪裡。孩子的爸媽明明沒有離婚事實，但爸爸卻未分擔責任，這部分就要尋求法律協助，把爸爸找出來，要求爸爸負擔相關義務。

為降低這種風險，我會建議還沒結婚或是婚後還沒生小孩的各位，務必進行婚前的健康檢查。不管愛情的堅貞程度有多高，婚前健康檢查絕對是判斷兩人在生理上是否適合共同經營婚姻生活的重要依據。而在懷孕、生產時也要多留意，現今婦產科的科技水平愈來愈進步，可以在小孩誕生以前，甚至是剛受孕時做基因篩檢。如果遇上基因裡有缺陷，且小孩在誕生後很有可能會有先天重大殘疾的情形，大家可能要做出理智的判斷，思考是否小孩與爸媽緣分不夠、必須選擇放手，避免日後產生更多扶養上的紛爭。

此外，現在社會也常見到人們在沒有結婚的狀態下生了先天重大殘疾的子女，這時該怎麼辦？法律上建議的處理方式是把可能的生父都找出來，跟這些可能的生父們提起所謂「確認誰是生父」的訴訟。找到生父以後，再要求他負擔相關扶養費。即使爸爸不願意認小孩，還是可以讓小孩過比較好的物質生活，或是讓扶養小孩的媽媽及家庭能夠減輕負擔。

2 公婆&岳父母——顧，還是不顧？

「婆媳問題」常常是婚姻的頭號殺手。排除很特殊的極端狀況，我們在實務上常常遇到的狀況是，現代人結婚前對另外一半有相當的認識，知道對方的優點及缺點，但對他的家人卻不夠了解。

當然沒人喜歡缺點，但是缺點可以包容。這相較於過去的時代，只相親過一次、根本不了解對方家庭背景的狀況是截然不同的。但如果今天與認定的配偶結婚後，發現結婚不是兩個人之間的事，而是兩個家庭間的事情，常常就會遇到婆媳或是翁婿問題，導致婚姻生活有很多摩擦。

尤其是嫁給獨子或是娶到獨生女的情況，父母親就只有一個小孩，他們一輩子用盡全力養這個小孩，小孩結婚時帶著父母同住、照顧對方的父母，聽起來非常合理、盡孝道。原本是一家三口變成四口，未必不會和樂融融，但通常會問題重重。在這樣的情形下，法律關係會不會有什麼變化？有關於公婆或是岳父母的扶養照顧義務，會不會因此發生改變？

暗黑親情案例——另一半是獨生子女，希望婚後和父母同住……

一對先生與太太在結婚前有經過相當的交往、認識，太太很清楚先生是家中獨子，他的父親（公公）早年已過世，留下媽媽（婆婆）。但婆婆的身體有些狀況，因爲年紀已經比較大，器官有些衰竭，而且雙腳不良於行，所以媽媽長期需要有人照顧。而先生因爲爸爸走得早，跟媽媽從小相依爲命，感情很好。

太太跟先生結婚時，其實是可以預見之後可能要與婆婆同住。當時婆婆已經生病，但還能利用名下存款與其他財產來支付原本的日常開銷。她的日常開銷比一般人高，當時因爲生病，住在醫療級的安養院，包含照顧她的外勞以及安養院的每個月支出，含房租、設備等等，每個月在醫療方面的開銷最少有七萬塊。先生是一般的上班族，也出社會工作一段時間，薪水大約五萬多塊。太太跟先生之間的薪資水平差不多，以一個雙薪家庭還沒生小孩的狀況下，一個月的收入也還不錯，有十萬塊。加上媽媽人在安養院，太太不需要跟婆婆同住，而媽媽又能自立自足，夫妻倆結婚過了兩三年，大家都相安無事，太太也常常會去安養院探望婆婆。

但是好景不常，婆婆的健康狀況異常穩定。之前覺得可能會隨時間經過，最後走到生命終點，想不到婆婆身體狀況一直很穩定，並無顯著惡化。但問題來了，婆婆的積蓄在每個月要花七、八萬的情況下很快就消耗殆盡。這個家庭馬上面臨一個問題，如果婆婆要繼續住在醫療級安養院裡，每月最少的開銷就高達七、八萬塊。

這時先生有個提案，希望把媽媽接回家裡住，以降低養護費用的開銷。太太一時之間不知道該怎麼回應。如果和婆婆同住，馬上就會面臨到是否要照顧婆婆的問題。雖然婆婆年事已高而且生病，婆媳糾紛可能會比一般所見的狀況輕微，但還是有照顧婆婆的義務。

太太最後迫於無奈，同意讓婆婆回來一起同住。但婆婆年紀大了，神智上有時會比較像小孩子，說好聽一點叫返老還童，難聽一點叫做很「番」（不可理喻、難溝通），生活上還是會有不愉快的摩擦。這時候到底媳婦有沒有義務繼續供養婆婆？或是如何用其他方式在婚姻及侍奉長輩間找到平衡點？

關於案例，律師這樣說

關於扶養義務和責任，可以參考《民法》親屬編第1114條的相關規定。比較特別的是，《民法》規定四種法律關係有互相扶養的義務，第一個是直系血親相互之間，例如父親與兒子或是阿公對孫子；另外一個是夫妻之一方與他方之父母同居者，其相互間；第三個是兄弟姊妹相互間；第四個是家長家屬相互間。

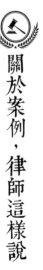

此篇討論的狀況是所謂岳父、岳母或是公公、婆婆，也就是第1114條的第二項，夫妻之一方與他方之父母同居者。按照上開《民法》第1114條的規定，妻子和先生的爸媽之間，沒有任何血緣關係，本來也不相識、沒有任何互動，只是因為兩人結合之後大家住在一起，就必須對他們負有法律上面的扶養義務。簡單來說，這是一個頗有孝道觀念的法條，但這個法條可能會造成社會上的紛爭，畢竟孝道的觀念也隨著時代演變不少。

在我們父執輩的時代，娶了一個媳婦，媳婦孝順父母或是奉養父母，把公婆當

自己親生父母來看，聽起來是再正常不過的事情了。可是以我們現在社會來看，要把沒有任何親屬、血緣關係的人當成父母供奉還滿困難的。在《民法》規定還未因為家庭觀念變革而調整之前，我們都要按照現行法律規定為之、處理相關的義務行使，所以當婆媳之間遇到了扶養責任的摩擦，假設媳婦嫁進門和婆婆同居，結果婆婆是植物人，按照《民法》第1114條的規定，媳婦對於完全不認識、沒有血緣關係的植物人婆婆負有扶養義務。扶養義務包含實質陪伴和費用支出，媳婦通通都要負擔。換句話說，結婚之後理論上只要照顧自己的配偶，但會因為居住地是和配偶的父母一起，導致在法律上要多照顧兩個人。

法律上講求權利及義務，通常當你負擔了一份義務，相對也會享有權利。前面提到和公婆同居，太太就對他們負有照顧或扶養的義務，那太太的權利在哪？是否可在公婆過世之後有權利可以主張分財產？但《民法》在這部分是不符合權利義務對等的規定，因為身為媳婦通常都只有協助辦喪事，而沒有分配公婆財產的權利，造成很不公平的狀況：必須擔起扶養義務但沒有任何財產分配的權利。

雖然理論上公婆也必須對媳婦負有扶養義務，這是對等的，但其實這類情況發生的機率非常小。在台灣傳統社會的氛圍下，大多會被《民法》第1114條第二項所規範到的都是媳婦，女婿的案例通常是比較少。事實上，女婿如果遇到和岳父岳母同居的狀況，也一樣要按照《民法》的規定。

如果媳婦不願意扶養公婆，會不會有所謂遺棄罪的問題？遺棄罪在之前章節有跟大家分享（可參考**P.055**），成立遺棄罪的要件其實相當嚴格，這部分就不再贅述。回到法律上暗黑的狀況，如果你愛的另外一半有個年邁的父母需要照顧，而配偶擔心會不會因此額外多了扶養義務，這種情況可以怎麼解決？這部分可以跟大家分享一個小訣竅，《民法》第**1114**條是以配偶必須與公婆同住為前提，換句話說，今天配偶與公婆不是住在同一個地方，就不會發生這樣的問題。舉例來說，夫妻住在一間房子裡，把父母接過來同住，但同住的地方可能是樓上、樓下，或是隔壁。或是夫妻一樣是住五樓，但在其他地方租個房子或是空間給丈夫的父母親同住，一來實質上方便照顧，大家有相互照應的機會，還能夠守望相助；二來在法律上也不會落入《民法》第**1114**條的尷尬狀況。

Part4

家族紛爭

1 有錢家族的利益糾葛

前幾年長榮航空創辦人張榮發過世之後，子女的爭產風波鬧得沸沸揚揚。張榮發生前原本希望張國煒能夠回到集團接班，也擔心張國煒會被兄長踢出長榮，因此做了很多預防措施。但最後仍是由老大張國華職管海運、張國政入主航空運，張國煒則是退出了家族企業。

在大家族複雜的利益糾紛之下，即使事先立有遺囑，遺囑似乎無法達成被繼承人當初生前所想貫徹的理念，因為這還涉及了《民法》上對於特留分的規定。

暗黑親情案例——長榮集團的接班之爭

長榮集團事業體龐大，除了大家熟悉的長榮航空體系外，海運事業之下也有非常多的投資事業體。創辦人張榮發先生是長榮集團的總裁，有兩名配偶。因爲以前沒有重婚制度，所以有些人會有大房、二房。直至《民法》修正之後有了重婚無效的規定，台灣就沒有所謂一夫多妻的狀況。但在以前台灣依法是可以容許一個男生有多個配偶，當時張榮發先娶了大房，大房有三個兒子，老大張國華、老二張國明、老三張國政。後來張榮發又娶了第二任太太，二房的兒子就是這個案例的主角張國煒。

張國煒是二房的小孩，以子女排序來說並未享有任何長孫的榮耀，而是處於比較弱勢的一方。但是他從一九九六年時進入長榮航空體系，一路由基層做到總經理。張國煒號稱可以開飛機、修飛機，有「黑手董事長」的稱謂。所以在張榮發眼裡，這個兒子向來都在航空體系認真打拚，對基層和各事業體很熟悉，是一個可能的接班人人選。

張榮發從小採軍事化管理、日本式教育來教育張國煒，是比較高壓、強勢的教育方式，這點可以從二〇〇六年張國煒與父親的衝突看出端倪。當年，張國煒跟旗下的空姐葉淑汶談戀愛，決定走入婚姻。葉淑汶沒有特殊家世背景，單純就是空姐的身分，張榮發對此有些意見。但張國煒認爲這是他自己的人生，所以不顧父親反對，堅持要完成婚姻，因此被逐出家門。張國煒脾氣也很硬，他在一個月之內處分掉手上長榮集團二十億的持股，捐給財團法人張榮發基金會。換句話說，他以實際行動明白表示：就算斷絕父子關係，不要父親的金援、支援，他也要完成婚事。父子關係看起來鬧得非常僵，但在二房（張國煒媽媽）的穿針引線之下，父子關係較獲改善。甚至張榮發還爲了要幫張國煒鋪路，生前在財產分配上有些巧思。

按照《民法》規定，如果沒有以遺囑的方式預先就遺產做分配的話，就會用法定方式分配。法律上的分配有先後、比例，按照《民法》第1138條規定，遺產繼承人除了配偶外，應該要以直系血親卑親屬（例如子女、孫子女）→父母→兄弟姐妹→祖父母的順序分配遺產。第一順位的直系血親卑親屬（例如小孩、孫子），如果小孩比父親早過世，孫子可以代位繼承，以這樣的順序做分配。在張榮發遺產的案例中，配偶可與直系血親卑親屬均分遺產，但是張榮發有些私心，他希望由張國煒接掌長榮集團未來的營運。所以張榮發特別在生前另列遺囑，非常偏心地聲稱要把所有遺產全部讓張國煒一人獨拿，這部分與《民法》上的規定有些出入。

《民法》明文規定，遺囑不能剝奪這些法定繼承人的全部繼承權利。簡單來說，全部遺產在扣除特留分後，剩下的財產才能夠遵照當事人意願以遺囑來分配。何謂特留分？根據《民法》第1223條的規定，特留分是特別保留給繼承人、不讓被繼承人可以用遺囑或其他方式剝奪繼承遺產的權利與比例。假設我爸爸只有一個太太，以及三個小孩（我和兩個弟弟）。爸爸過世時若沒有遺囑，我可以分配到的遺產是四分之一，四分之一的計算即爲我跟弟弟們共三個人，再加上媽媽共四個人平分爸爸的遺產。如果爸爸很偏心地把遺產通通交給弟弟，按照《民法》第1223條條文，我最少法律上還會保障一個特留分，也就是原本四分之一的一半，八分之一。所以不管爸爸立下哪一種遺囑，都沒辦法剝奪我這八分之一的遺產繼承權利。

關於案例，律師這樣說

以長榮的案例來看，張榮發的遺囑內容很單純，一言以蔽之，他主張「我的遺產讓張國煒一個人全拿」。接下來就要看遺產在國內外的數量有多少。據報章雜誌報導，遺產有很多是放在設於巴拿馬的公司或是基金會，這部分就屬於巴拿馬政府的法律管轄範圍。但特留分的規定不是每個國家都有，據了解，巴拿馬是沒有相關規定的。因此這遺囑有關牴觸特留分的規定，以巴拿馬那邊的解釋，影響的效力可能要看海外財產的分配實際上有多少。

除了遺產，長榮集團在張榮發過世後也爆發了經營權之爭。如果遺產通通都給張國煒，理論上二房的張國煒應是獨大，怎麼到最後卻被踢出集團，而非作為接班人呢？從長榮集團董事席位的分配可觀察到，當時董事會總共有九席，九席董事裡扣掉獨立董事三席，剩下六席。六席裡大房控制有四席，二房控制只有兩席。所以在董事會裡，張國煒能運作的董事只有兩席。兩席在九席董事裡，運作能力其實非常有限。但遺囑把財產都留給了張國煒，為什麼他只有兩席？他又擁有多少股權？其實當時張國煒股權比例只有11％，而大房這邊能掌握的比例有40％以上，大房占的股權及實質上掌握的股權遠比張國煒高。由此可知，大房的股權結構有很強的優勢，股權數的多寡就代表實力的強弱，大房可以鞏固他們原本享有的經營權。這也是為什麼後來張國煒選擇離開，重新開設航空公司。因為再和兄弟耗下去，要花多少成本才能夠達到他想要的目標？一切都是未知數，因此他毅然決然退出，另創事業。

事前規畫或分配所能帶來的效益，一定遠遠超過遺囑。畢竟遺囑有特留分的效力，必須要把特定比例遺產留給原本繼承人，況且遺囑規範的只有遺產，在生前並沒有被列入遺產範圍內的財產其實不在被繼承人遺囑的處理範圍之內。以長榮集團的案例來看，為什麼大房實質可控制的股權數可以高達四成以上？這是因為生前股份比例都有做調配、規畫，而不是一直等到創辦人過世才以遺囑方式分配比例。

此外，遺囑內容如果寫得太偏頗，通常會造成日後家族或是兄弟爭奪遺產，尤其涉及集團經營或股權分配的情況更容易反目成仇。建議大家不要避諱事先計畫死後的事情，如果能夠盡早把相關權利分配規畫好，將權利下放，日後子孫之間的爭執即使難以避免，但激烈程度可能就不會殺到刀刀見骨的情況。

2 小康家族的各自算計

前面的章節我們討論了有錢家族的爭產風波，這個章節我們來看看小康家庭之中親屬各自算計的問題。中產階級、可以自立自足、有點閒錢，這在法律來看就是所謂的小康家庭。提到「小康」兩個字就讓我想到做筆錄，不知道大家有沒有被當成刑事被告，或到警察局做筆錄的經驗？通常做筆錄時就會被問到經濟狀況。

經濟狀況分五個欄位，分別是富裕、中產、小康、勉持、貧寒。可見「小康」位居五個選項的中間，算是比上不足、比下有餘；而比小康窮、經濟能力比小康不好的等級是勉持，即勉強維持的狀態。選項中並無參考標準，皆由填寫者以主觀認知回答。建議不論什麼原因，當透露經濟狀況時，包含到警局、調查局裡做筆錄，作為被告、原告，不管你多有錢，都講自己小康就好。面對親朋好友時，抱持「財不露白、保持低調」的態度，較能保護自己。

暗黑親情案例——兩段婚姻七名子女的扶養爭論戰

一位經歷過兩段婚姻的媽媽，在第一段婚姻生了四個小孩，第二段則是生了三個小孩。媽媽過世之後，第二段婚姻所生的三個小孩提起了訴訟，告前面四個小孩，提告理由是媽媽生前進入第二段婚姻時，都是由第二段婚姻的三個小孩照顧媽媽。然而第一段婚姻的四個小孩對媽媽在法律上也有扶養義務，因爲扶養義務只要是直系血親卑親屬，不管是哪一段婚姻的孩子，通通都有照顧義務。所以第二段婚姻的三個小孩就提起了民事訴訟，在台北地院提告要求給付相當於扶養費用的不當得利。

第二段婚姻的小孩主張媽媽都是由他們在養，因此要求給付了很多費用，費用的細項包含：主張每個月付給媽媽買菜零用金兩萬塊，請求一百四十二個月，總共兩百八十多萬元；還有生活費共一百四十幾萬；營養品費用、住院費用，以及媽媽中風後聘請外籍看護照料的費用。而在外籍看護終止服務後由第二段婚姻的小孩獨力照顧媽媽，他們認爲要用外籍看護照顧費用水準，也就是每天兩千一百元來計算相當報酬。

這些第二段婚姻的小孩也主張媽媽名下房地產稅賦是由他們支出，再加上喪葬費等等費用，他們主張爲了照顧媽媽總共代墊了一千多萬的相關費用，大家必須平均分攤這筆錢，也就是每個小孩平均下來應該要負擔一百五十萬元。第二段婚姻的子女們因而提起訴訟，向前段婚姻的小孩分別請求支付一百五十萬，加起來大約六百萬元。這故事乍聽之下是第二段婚姻的子女特別照顧媽媽，不計重本花了一千多萬元，先行支出來照顧媽媽、打理她的生活，判給他們這筆錢似乎是合情合理。

但是前段婚姻的小孩主張：媽媽生前很有錢，經營藥行的生意每個月平均獲利就有二十萬。在民國七〇到八〇年間能有這樣的獲利是相當不可思議、非常高的數字，那時在台北市忠孝東路四段買間房子只需要幾百萬元。而且媽媽在新莊還有房子出租，每個月租金收入也有三萬元。前段婚姻的小孩因此主張，媽媽一個月至少有二十三萬收入，根本不需要第二段婚姻小孩扶養。但後來第二段婚姻的小孩以媽媽年紀大了爲理由，強行接管媽媽相關財務及藥行經營權，每月撥出兩萬塊給媽媽當作買菜錢。因爲家族沒有藥師資格，結束了藥行的營業，轉而把店面出租，每個月租金也有五萬五千元。之後第二段婚姻的小孩又以媽媽有中風、糖尿病爲由，停止支付原本每個月兩萬塊的買菜錢，甚至接管媽媽所有的金錢。第一段婚姻的小孩發現之後於心不忍，都會私下每個月再給媽媽一萬塊當作零用金，一直持續到媽媽中風至完全無法辨識、沒有消費能力。

第二段婚姻的另一個小孩也提出主張：藥行歇業之後，加上新莊房子出租的收入，他每個月有八萬五的租金當生活費。媽媽還事先給第二段婚姻的小孩一百萬元作爲喪葬費，她死後帳戶都還有將近四十萬的存款。第二段婚姻的小孩在這樣的主張下，似乎把媽媽相關收入都直接納爲己有，縱使扣掉支出相關費用後，銀行裡都還有存款。第一段婚姻的小孩急迫攻防，把第二段婚姻小孩掌管的金錢（十五年來高達一千五百多萬），扣除第二段婚姻小孩主張花費一千多萬的狀況下，餘額總共還有四百三十幾萬。實務上很常遇到這種公說公有理、婆說婆有理的僵局，最後就得看法官怎麼裁斷。

法官在審理此案時，不免也好奇原告（也就是第二段婚姻主張一直照顧媽媽的小孩）平日的職業。很多人在提到自己工作的時候會講得天花亂墜：投資公司、經營網拍……但法律上通常以勞健保投保紀錄認定工作。法官不會去看你的名片，因爲名片可以自己印、想要什麼頭銜都可以，投保紀錄相較之下就很準確。後來一查之下發現原告沒有任何所得，他所有的存款都來自於媽媽租金收入或是原本經營藥行的收入。換句話說，他根本就沒在工作。他自稱拿出一千多萬來奉養媽媽，但那些錢通通都是媽媽的收入。

看到這裡你心中可能會有個感覺，法官也有一樣的感覺：如果一千多萬表面上是從你口袋裡拿出來，實際上口袋裡的錢並不是你自己賺來的錢，而是媽媽原本的財產，那這筆金流實際上會被認定爲媽媽自行支出。所以第一段婚姻的小孩也主張：媽媽的錢都是由原告管理，原告即使確實有支出這些費用，也只是單純以媽媽財產管理人支出，而非代爲支出。

依《民法》第1117條規定，受扶養權利的人是以不能維持生活而無謀生能力爲限。但以這個案例來看，媽媽的房產很多，每年也都有繳相關所得稅，證明媽媽名下確實有很多房子。法官最終認定原告所稱給付一千多萬相關費用，其實都是媽媽自己支付的，因此判決原告（第二段婚姻的孩子）敗訴，認爲他主張一千多萬要分七個人，每個人一百五十幾萬負擔是沒有理由的。

關於案例，律師這樣說

《民法》第1114條裡有規定，親屬之間互相負有扶養義務，主要指涉的是直系血親相互間的義務。直系血親的關係不會因為直系血親尊親屬的婚姻狀況，例如父母之間離婚、再婚、再娶，導致直系血親的尊親屬關係消滅。換句話說，即使媽媽後來有發生離婚再嫁的狀況，第一段婚姻生的小孩直系血親尊親屬的關係都不會因此消滅。但第一段婚姻的子女是否需要就媽媽的部分負扶養責任？根據《民法》第1117條，受扶養權利者以不能維持生活者而無謀生能

力者為限，前項無謀生能力之限制於直系血親尊親屬不適用。所以只要媽媽不能維持生活，兒子、女兒這些直系血親卑親屬就必須對媽媽負扶養責任。

法律架構釐清後，我們回到具體的案例。這個案子有個關鍵因素，第一段婚姻的子女還是知道媽媽很多財務上的規畫狀況和資金運用情形，即使長年沒有和媽媽一起生活。也就是說，第一段婚姻的小孩縱使在媽媽再嫁後還是和她保持相當不錯的關係，每個月都去關心她的身體狀況和財務情形，也固定給媽媽一萬塊零用金直到她無法自理為止。如果今天第一段婚姻的小孩跟媽媽的關係不好，很有可能就得不到相關資訊，讓第二段婚姻的小孩利用資訊不對等、不透明的狀況下偷襲成功，要求其他子女個別分擔一百五十萬元的扶養費。如果你對你的受扶養義務人（通常是直系血親尊親屬）有相當的往來，了解他的生活狀況，或是針對他遭遇的困難提供簡單且必要的援助，事後縱使有需要我方進行扶養或盡扶養責任時，也不會因為訊息上的落差遭人獅子大開口。善盡孝道，老天會給予相對應的回報。

Part4

家族紛爭

3 慈悲的限度

此篇要和各位分享的是家屬之間互相的支援，包含金錢、非金錢、精神還有其他勞力上的支援。這不是生來法律義務上的互欠，而是家族之間自發性的相互協助，所以我們稱為「慈悲」，指家屬間慈悲為懷的對待、幫忙。

在進入這個章節的案例故事前，先和各位討論一下，你是否曾遇過朋友借錢的狀況？出社會後有些朋友會有各式各樣的理由，只要發現你看起來過得還可以、生活還算穩定就會跟你借錢。我以自己的經驗歸納，可以分成兩個大項，第一個是借大錢，一百萬以上就算是所謂的大錢，或涉及到擔保的問題，不是單純資金的支借。首先我們需先知道，借款的部分是否可以提供足額擔保。沒有提供足額擔保，朋友之間要借大錢，除非自己本身資力非常好，不然借大錢的狀況可能都需要再三確保相關還款細節。畢竟我們不是做高利貸放貸，約定的利息也不會很高，也沒什麼實力、能力逼迫一個人還錢，所以借大錢的狀況就不在我們要討論的範圍內。

至於第二個借小錢，小錢小至幾千塊，大至幾萬塊，我們都把它當小錢。換句話說，如果是你一個月薪資裡可以負荷的狀況下，我們都把它稱為小錢。當朋友向你借錢，借或不借可以秉持一個原則──「救急不救貧」。急代表對方是一時之間資金運轉有問題，所以我們可以支援他，讓他免於資金轉不過來的困境，可以順暢規畫未來金流。你這時幫助他，他可以在後續提供原本還款金額外，還欠了一份人情。而不救貧的原因是，當對方根本沒有任何還款能力時，你借的小錢基本上就跟送給他一樣。他會感激你嗎？客觀來看，借給他小錢，可能被拿去支應今天的晚餐開銷、明日開銷，支付完以後，後天的開銷、大後天的開銷要支應，他想的才不會是感激，而是接下來要怎麼繼續借後面的錢。所以今天很多人說為善不欲人知、不求回報，某個程度也是相當有道理的，因為借別人這些錢基本上得不到回報，而這些錢要回來的可能性也很低。

在此我們要進一步討論的情況是，如果有資金需求的朋友不是一般朋友，而是有血緣關係的親戚，甚至是你的父母親或是小孩，當這些親屬有資金需求時，我們該怎麼處理，或是會面臨哪些狀況？

暗黑親情案例——子女不事生產，心軟的媽媽該金援供養到何時？

這個案例的家庭有三個孩子，老大是醫師，老二經商，老三則是自由業。父親是比較嚴厲的人，對於家裡資金控管非常嚴格，雖說該給小孩的不會少，但是也不會讓他們過上奢侈的生活。舉例來說，在案例中的那個年代，台灣才剛開始有麥當勞，這個家庭是會去吃麥當勞的小康程度，但不會點很貴的東西。老大高中時父親過世了，接下來都由母親獨力扶養三個小孩。

老大在高中畢業之後，因為沒有考上心目中的志願而想要重考。醫科非常難考、門檻很高，尤其在以前的年代，重考一次就能考上已經是祖上積德，應屆考上眞的是難上加難。當時家中父親已過世，媽媽是公務人員，其實手上的現金沒有很多，但她相當勤儉持家，所以手邊還有些積蓄。她看兒子想要從醫的決心那麼堅定，決定幫助兒子，提供他昂貴的補習費去上醫科保證班。這個家庭來自中南部，為了給老大最好的補習資源，媽媽把他送到台北南陽街的補習班。一個小孩從中南部到台北來，補習費之外的生活費和住宿費，其實都是一筆開銷。一年後，老大不負母親苦心，終於開花結果考上醫科。但是一來一往，媽媽爲了這個小孩也花了將近快五十萬元，在當時都是一筆不小的開銷。爲了支應這樣的開銷，媽媽也去跟了好幾個會，所以生活和資金上都很辛苦。

苦命的媽媽接下來要擔心老二。老二本身不是很愛念書，對商業這部分比較有興趣，所以老二在大學畢業和退伍後選擇從商，做公司僱員。他在社會上闖蕩幾年後，回家跟媽媽商量自己想做生意，希望媽媽可以給一筆資金，投資他開公司做生意，並把他投資開公司做生意的藍圖給媽媽看，企圖說服媽媽把積蓄拿出來投資，做爲公司的營運資金。媽媽剛開始並不願意，她手上的閒錢其實沒有很多，本身有投資保單和外匯的商品。但是老二非常「盧」（糾纏不休），希望媽媽能夠贊助他踏出經商的第一哩路，所以很認眞地做了很多計畫打動媽媽。最後媽媽爲了幫助老二，賣掉了名下一間本來可以收租的房子，也給老二四百萬元讓他當作公司的資金。老二後來也不負媽媽苦心，公司經營狀況越來越好，規模逐步擴大。媽媽一路看下來，投資老大五十萬有得到成功的結果；投資老二多了八倍，目前看來也是有成功。媽媽每天縮衣節食、能省則省，一個錢打十二個結，心想自己生了三個小孩，前面兩個小孩都已經開花結果，在職業生涯上也都有相當不錯的成績，慢慢嶄露頭角，只剩下一個要擔心的小孩——老么。

老么比較特別，從小跟媽媽感情很好。他比老大小了六歲、比老二小了四歲，年紀上跟兩個哥哥有段落差。老么原本很乖、學業成績也不錯，但因爲交友和社團的關係，後來念了一個很偏僻的大學。但這大學是個國立大學，在深山裡面，所以媽媽覺得也不錯。就以前的觀念來看，可以當大學生根本是村莊裡的最大榮耀，所以媽媽也贊成他讀深山裡的國立大學，想不到一去念書小孩就躲在深山裡不回來了。老么極力跟家裡爭取想繼續念研究所。念書是好事，但是在深山裡一直念到底是不是好事？一般來說，深山校園的資源，包含師資、硬體設備，肯定是比較差的，但每個人想法不一樣，老么就在深山裡度過他的大學四年、研究所三年。他當完兵後一樣不肯回家，還是在深山裡繼續過他的生活。但他完全沒有找工作，一毛錢都沒有，資金怎麼來？他想到兩個哥哥，一個哥哥拿了五十萬當作考醫科成本，一個哥哥拿四百萬開一間公司，所以老么心想自己也能拿個一百萬，按照自己喜歡音樂、攝影的興趣開個工作室或是錄音室，買比較高級的設備從事攝影工作。

媽媽雖然是公務員，生活單純，但是也沒有單純到會被老么的要求誤導，所以極力堅持不願幫老么付這筆錢。但是媽媽是個很慈悲的人，一想到小兒子原本是胖胖的身材，但每次看他回到老家都愈來愈瘦，以前飯都愛吃不吃，現在回到家似乎是一個月沒吃飯似地狼吞虎嚥。在母親的立場自然很擔心這小孩是不是在外面過得很慘。畢竟客觀狀況來看一定是過得不好，不然誰能夠回家就狼吞虎嚥，好像是特意回家吃東西，而不是回家看父母的狀況？

媽媽後來心軟，給了這個小孩一百萬，讓他開設他心中的音樂工作室、買相關攝影設備。她希望能夠秉持原本投資老大、老二成功的模式，讓老么也能繼續在他想要的道路上完成他的夢想。但上天這次並未讓老么成功，因爲他其實是爲了躲避現實而非築夢。築夢必須要有些基本藍圖、可行的想法，之後憑藉自身努力實現。但是一個從未有過正職工作的人，求職之前第一件事就是跟家裡要錢開公司，這是有點社會經驗的人都認爲不可行、不切實際的。因爲沒在社會歷練過，怎麼知道這公司要怎麼開呢？可以預料的是，老么的藝術事業當然很慘，沒飯吃了又回去找媽媽。但媽媽的心態很堅決，畢竟投資老大五十萬、被老二挖了四百萬、老三又拿了一百萬走之後，她的口袋其實已經空了。但是看到自己的么兒很可憐，好像眞的快過不下去，而且他一直跟媽媽說：「如果你不幫我、沒錢可以借我，那我眞的活不下去，我乾脆去死好了！」這類對話聽在親生母親的耳裡總是十分難過。

老么拿了一百萬以後也沒辦法有穩定的工作，永遠看起來都是狀況很差，所以回家總是不斷跟媽媽要錢，甚至以死要脅：「如果再不給我錢我乾脆去死！妳都不愛我！媽媽都偏心！給哥哥都給四百萬，爲什麼我只拿一百萬？」老么巧立各種名目、要求，就是希望能從媽媽身上多挖一點。其實媽媽賣了一間房籌出四百萬給老二經商後，並沒有拿到兒子的還款，所以手上眞的沒錢。她爲了小兒子，把手上的保單全部解約，甚至用保單借款給小兒子。

關於案例，律師這樣說

案例中的媽媽似乎沒掌握好慈悲的限度，如果今天借錢能幫助孩子過穩定的生活、度過難關，迎接未來更好的日子，這錢還在慈悲範圍之內的金援支助。但老么的狀況，他只是為了這個月或是下個月的伙食費回來家裡拿錢，表面上又和媽媽說要投資設備，因為設備不夠好，使得事業沒有起色等說法，這些招數好聽一點叫親情攻勢，難聽一點就叫情緒勒索。

到最後媽媽受不了了，把解保單的錢都給他，並跟他約法三章：這是媽媽人生最後一次幫他。但果不其然，如果今天治標沒有治本，老么沒有正常的工作，那些錢最後也是當作生活費，遲早會花光。換句話說，老么從大學、碩士甚至出社會、當完兵退伍後，其實都是母親一路在養。媽媽甚至還買給他很多造價不菲的樂器、攝影設備，而這條路一直看不到盡頭，不知道要養到什麼時候。

從法律上來看，我們只要養到子女成年。也就是20歲之後，父母親就不需要在法律上負任何扶養義務。但慈悲是不分年紀、沒有法律強制效力的。身為一個母親，她對小孩的慈悲不會因為小孩年紀多大而有差別，只要小孩開口就會想辦法滿足，縱使是不合理、像是錢投到水裡不會有任何回應的狀況，母親的天性仍讓她想要幫助小孩。

慈悲是不是需要有個限度？否則人性使然，當一個人食髓知味，發現這樣的情況下能挖到錢，知道自己肚子餓、真的沒錢花的時候還有個靠山，挖這座靠山就可以不斷延長生命，繼續過想要的、自以為理想中的生活。就像我們剛剛在案例中分享的老么一樣，他是永遠也不會改變的。

在我看來，這有個暗黑的法律觀點，就是「慈悲必須要有界線，而這個界線應該要有一個明確的標準」。怎麼說呢？如果我們把慈悲換成金錢分配，母親雖然聽到兒子日子過得辛苦，一時不忍想要拿錢幫助他，但當她把身上所有錢拿出去以後，日後誰要養母親？結果是兩個哥哥養，老么連自己都養不起。這會造成一個很不公平的結果——努力追求自己生活的子女得到比較高的社會地位，但最後卻要獨力扶養母親。

這時努力生活似乎是一種懲罰，比較敢鬧的子女反而可以不斷把錢挖出來，不需要對自己人生負責。

以這個案例來看，如果母親名下還有資產，我會建議將資產進行「信託」，保障接下來的餘生安穩、衣食無缺，不用擔心金錢問題。信託的概念，是把這母親的所有資產變價在銀行的信託專案裡，例如有不動產，我們信託進去銀行，銀行就變成是一種借錢的方式，把錢借給母親，而把不動產設定抵押給銀行。媽媽可以把財產事先做信託，並和銀行約定每個月給媽媽多少錢當作零用金。信託關係無法隨時終止或是改變條件，才能避免有子女間用不當方式強行要把媽媽的財產挖出來，造成日後更大的糾紛。

Part 5

追求公平

1 親情世界有無公平？

親情的世界裡到底有沒有公平？公平到底是什麼概念？我們先來定義何謂公平：從文意上來看，「公」是所謂的公共，指「大家」；「平」的意思是「平等」。公平二字意味著「大家平等而存在」。換句話說，公平是指處理事情合情合理，不偏袒任何一方或任何一個人。參與社會的每個公民，承擔應該承擔的責任，得到應該得到的利益，這是我們所謂的公平。如果一個人承擔少於他所應擔下的責任，或者取得過多的利益，就會被看作是不公平。

公平的概念是抽象的，但卻是我們每天都會遇到的狀況。公平二字不僅包含合理參與經濟、政治或其他生活的機會，程序和結果分配的公平與否也是人民所在意的。許多國家為了讓人民能夠感覺到公平，都盡可能加大公共服務和社會保障的力度，高度重視機會和程序公平。建築祥和的社會，才能使人們有追求公平正義的意識，進而追求公平正義的行為。

若以法律上公平的概念出發，第一個必須提到的先位概念就是《憲法》，我國《憲法》就平等的部分有相當明確的規定。《憲法》第7條提到：「中華民國人民無分男女、宗教、種族、階級、黨派，在法律上一律平等」，這是《憲法》賦予人民的平等權。而平等可以分成實質的平等跟形式的平等。若以國父的講法來看，形式平等就是齊頭式的平等，每一個獨立的個人，無論社經地位如何都要被平等對待，以避免形成所謂的差別待遇。但其實每一個人在這世上根本不可能平等，形式上絕對是不可能平等的，所以就有另一個對於平等的想法——實質平等。

實質平等講求的是國家應該積極保障人民的社會權，努力實現實質平等的法治。舉例來說，假設一對父母家裡有三個小孩，老么比較弱勢，他在進入社會工作的時候，工作狀況很不利，或者身體有一些狀況，如先天的殘疾或肥胖、瘦弱，外界對其有歧視的眼光。畢竟小孩是父母生的，父母就會覺得自己似乎虧欠這個老么很多。所以父母在分配有限資源的時候，即使理論上應該均分給每一個小孩，但實質上很多父母會把資源分配或甚至集中給最弱勢的這一個小孩，帶有一種補償或是同情弱者的心態。以法律觀點來看的公平，應該每個子女都能平均分配到資源。但對父母而言，多給老么一點才是他們心中的公平，這就呼應到實質平等的概念。

實務上也有另一種相反的狀況，有些父母認為優秀的人才能夠享有資源，優秀的孩子理應要獲得更多資源。父母認為因為某個孩子特別努力和表現出色，出於「因為你值得」的想法，而把所有資源都灌注在這個孩子的身上，這種情形也是屢見不鮮。父母心中公平的這把尺，會因為本身的價值觀不同而產生很大的差異。達到實質公平與否，其實都是一個價值判斷的問題，沒有絕對的是非對錯。

暗黑親情案例──遺產怎麼分才公平？

一位父親有三個小孩，分別是大哥、大姊和小弟。父母原本工作狀況都不錯，手頭上有一些積蓄，陸續也買了幾間房子。後來媽媽先過世了，剩下爸爸一個人。爸爸把最後的財產結算後還有兩間房子跟一些存款，在他身體狀況不好的時候，都還能用自己的存款來因應養老的相關開銷。爸爸原本有將價值約九百萬的房子先過戶給大哥，他認爲這個房子本來就是要買給大哥的。

父親沒有幫大姊購買不動產，或是準備要分配相關遺產給她的生前規劃，因爲父親認爲嫁出去的女兒就是潑出去的水，潑出去的水就不應該再回娘家分財產。至於弟弟天性比較散漫、身體狀況不是特別好，爸爸很擔心這個孩子是否沒辦法照顧自己。父親生前和弟弟同住，在他體力狀況尚可的狀況下，還能協助弟弟在家裡的生活起居。弟弟本身也有工作能力，但因爲狀況不是很好，一直是爸爸心裡面掛念的不定時炸彈。

父親快過世前在醫院接受治療時，擔心弟弟未來可能會因爲債務而失去房子，因此想先把房產做處分，過户給大姊或是大哥。但父親生前就強烈感受到大哥刻意排擠、欺負弟弟的情況。如果房子過户到大哥的名下，搞不好弟弟會被大哥趕出去，最後無家可歸。於是爸爸想了一個方法，把房子過户給大姊，但大姊不願意。當時大姊財力有些狀況，債務人可能會對她的財產作強制執行，因此她也不想要自己名下有財產。爸爸也很聰明，最後決定把房子過給大姊的兒子。

這看來是一個很公平的決定，姊弟感情很好，姊姊也會照顧弟弟，而且遺產在爸爸生前就有作好分配，理論上這是一個很好的結果。尤其大哥在爸爸生前也拿了一間八九百萬的房子，大致上是一個公平的情形。但大哥對這樣分配的結果完全無法接受，他認爲父親留下來的財產就應該依照法律的規定，做三等分的分配。尤其因爲父親是在最後一刻過户給大姊的兒子，大哥一直質疑是不是大姊刻意操弄的結果。大姊也很無辜，她根本不想要這個房子，況且這個房子也沒有價值，卻要被哥哥無端指控。小弟也感到非常意外，因爲這房子是爸爸交代要給他住的，他對房產在誰的名下沒有任何想法，但大哥卻有非常多的意見。

關於案例，律師這樣說

法律賦予人民去追求公平的機會，但法律是最低的道德標準，對比之下道德是最高標準的法律。因此即使是實質上看來公平的狀況，交由法官來審判時，也可能會發生不一樣的結果。

假設上述案子的大哥提告到法院，要求就遺產的分配去做請求，那爸爸的遺產就會依法以每人三分之一的方式進行分配，以實踐所謂法律上的公平，但這樣的公平真的就是我們所追求的公平嗎？親情的世界中到底有沒有公平？其實結論只有分配的人自己知道。只要分配資源的人沒有愧對於他自己做的決定，其實某個程度而言即是他心中的公平。

但不管是分配者或是受分配者、義務的履行者跟權利的享受者，每個人心中公平的尺度各自不同，沒辦法讓每一個人都接受。就是因為大家的公平尺度不同，才會就分配得是否公平而有紛爭，我們才會以最低的道德標準，也就是法律來解決爭端。利用法律做形式上簡單的分配，避免發生無法處理的分配糾紛。

2 公平的標準——從施與受出發

「施」與「受」是相對的概念，有一個人施予，才會有另一個人受到利益。台灣現行法律對於施與受的概念有相關規定，扶養就是其中一個例子。

根據《民法》第1114條，有相關的親屬要互負扶養的義務，包含直系血親相互之間，或者夫妻一方與他方之父母同居者相互之間，兄弟姊妹相互之間，以及家長家屬相互之間。另外，就夫妻的互負扶養義務的部分，《民法》第1116-1條也有相關規定。夫妻互負扶養義務的順序與直系血親的卑親屬相同，受扶養的權利則與直系血親的尊親屬相同。簡單來說，夫妻彼此之間扶養的權利、義務，都是用最嚴格的、最優先的標準。夫妻之間若是遇到困難、需要互負扶養的話，都能在第一時間、第一順位得到權利。

如果把扶養當成是一種「施」，那麼我們也可以把被扶養理解成一種「受」，例如繼承長輩或父母的財產也是一種「受」。以父子關係來看，父親要扶養一個小孩，我們可以將其視作是一種「施」，而父親總是會老，從一開始的呵護和養育小孩，到後來陪伴、輔助著小孩，最後退休之後，常常會需要子女的照顧。父親的角色從原本的給予、施予恩惠，隨著時間流逝會變成是一個接受恩惠的角色。而小孩轉變的角色剛好相反，是從受恩惠的角色轉變為施恩惠的角色，因此施與受就父子關係而言是相對的狀況。

但在現今社會中，我們常常會看到很多問題，例如父母在施予恩惠的同時，因為小孩的成長狀況不如預期，導致出現無法獨立生活的啃老族或是媽寶，成年之後還是以原生家庭提供的經濟能力當作他們生活在外的重要基礎。在這種狀態下，小孩的角色一直是受恩惠者，直到父母死掉。這絕對不是一個健康的狀況，因此我們在此章節不討論這種情形，而是著重在前述有相對性的施與受案例。

養育小孩的過程往往會涉及如何維持公平的概念，因為許多案例的家庭不是只有一個小孩。但該如何分配有限資源？能否公平地、實質公正地把資源都分配給三個小孩？這是有難度的，畢竟資源分配常見的難題就是無法量化，扶養的人雖然心中有個天平，但是受扶養的人心裡想的可能不一樣。而當父親年邁需要被人扶養時，這些金錢、勞力與時間成本如何平均分攤在三個曾經受過父親扶養的小孩身上，這顯然也是一個難題，畢竟父親是不可分割的一個人，如何將應該負擔的義務平均落在三個小孩身上，這是非常難達到的境界。正因為很難達到眾人都覺得公平的狀態，所以常常會發生爭執。

我們可以觀察到一個狀況，之所以會有爭執，意味著受扶養人與扶養人的意見不同。在上述的父與子狀況中，父親通常是不會有所爭執的，父親無條件地養育三個小孩，因為子女年輕時還未另外成立家庭，也沒有經濟上的壓力和負擔，所以通常較少在這個階段發生資源分配不均的爭議。相比之下，爭議常常會發生在父親年邁需要受扶養時。通常父親在必須受扶養的時候，基本上處於被動的狀態，看三個小孩誰願意扶養他，對子女扶養義務沒有決定權。

但是人們在吵架的時候，不管多久以前的理由常常都會被拿來當成攻防的依據。實務上也常常看到一些兄弟鬩牆的案例，當事人會計較父母生前，或是在他們年幼時父親給予資源的分配特別偏袒。但這類問題無法簡單用清楚的數字去量化，前面提及的《民法》第1114條裡只是取平均值，以人數的多寡平均計算義務的分擔，而不會另外考量其他個案突發的因素。

以父親的立場出發，父親在扶養小孩的時候可能心裡會有兩種不同的想法。一是對小孩不求回報的愛，不會要求或算計自己對小孩的扶養費用該怎麼回收。假設每年的生活教育費是兩百萬，一路扶養到小孩20歲成年，等於花費八千萬。通常父親不會計較這筆八千萬要怎麼回收，畢竟養育小孩和投資行為有很大的差別。投資是有風險的，必須承擔虧損的可能性。投資的時候我們會認真研究財報，判斷日後是否要增資或是如何分派股利，但在養育小孩的時候，我們通常是不求回報。即使小孩讀書或是身體狀況不佳，父親也不會以一個投資者的角度下令減碼投資，或是轉為投資其他標的。因此我們無法以經濟上的標準去檢視扶養，畢竟那是不求回報的愛。

但有另外一類的父母是將小孩視作未來的依靠，這就是傳統觀念常說的「養兒防老」，父母期待小孩長大成人之後能夠照顧年邁的自己。但老實說，養兒防老的觀念過去在傳統社會是種主流，大家都希望能有一個孝子好好孝順自己，就如同我們小時候被教育要孝順父母一樣。如此一代傳一代，大家過著幸福快樂的生活。但隨著時代演變，我們正面臨少子化的趨勢。以前的年代普遍家庭小孩生得比較多，十個小孩裡面一個兩個不孝沒關係，還有八個是孝子。但現在生育率低，許多家庭可能只生一個或兩個，其中一個不孝、不成材，那可就慘了。該如何追求施予恩惠者跟受予恩惠者之間的公平，常會隨著社會趨勢演變而有所變動。

暗黑親情案例 I——「我當年全力栽培你……」心有不平的父親

這是一名父親與其獨生女的案例。女兒本身財務狀況不佳，沒有相對穩定的收入，光是照顧自己就已經非常勉強了。雖然女兒很有孝心，都會去看爸爸，但實在沒辦法提供相關的扶養費用。

爸爸把女兒視爲掌上明珠，對她的照顧無微不至，從小送她去才藝班和音樂班。爸爸以自己所能負擔的最高物質標準盡心盡力養育女兒，花了非常多的時間、勞力與費用栽培這個孩子。但是栽培女兒就像投資一樣，不一定會有好的結果。爸爸有時候就會想不開，想到女兒小時候花了自己許多錢、時間還有栽培的精力，結果在自己年老的時候，卻沒有得到女兒金錢上的反饋。

他看著其他朋友過得不錯，常常週末去打高爾夫球、相約吃香喝辣，享受接下來的餘生。爸爸開始覺得非常不公平，身邊朋友都是子女在供父親花用，甚至時常安排出國，他卻沒辦法得到女兒的金錢資助。爸爸的經濟狀況雖然沒有富裕到可以每週去打高爾夫球的程度，但生活上也還過得去，不至於會餓死凍死，不過看著朋友的生活，心裡很不是滋味。他眞的覺得吞不下這口氣，懷疑女兒其實手上有錢，只是不願意扶養。後來爸爸就在身邊朋友的誤導與促使之下，向法院聲請要女兒負扶養義務，並且給付相關的扶養費。

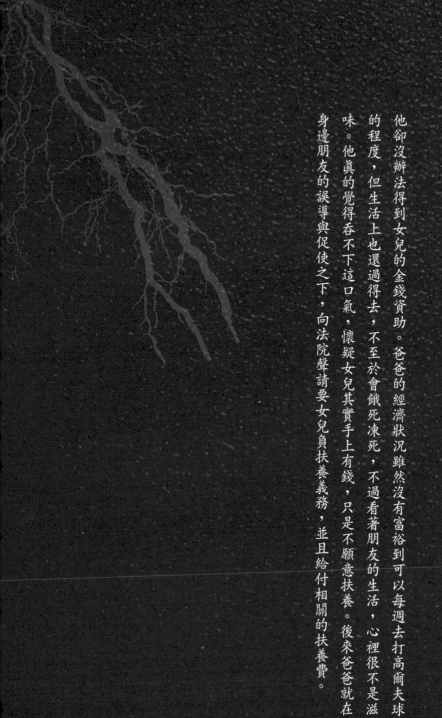

關於案例，律師這樣說

在這個案例中，最後法院判爸爸敗訴，女兒不用給付扶養費。因為法院認定爸爸的財務狀況並沒有到不能維持生活的困境，以這樣的認定事實為理由駁回爸爸的聲請。

有一種公平是法律上的公平，法律上判斷需不需要扶養，是以爸爸的財力來判斷；而另外一種公平是爸爸自己心裡的公平，是爸爸覺得女兒應該要怎麼做才能達到他心裡的公平。在立基點不同的狀況下追求公平，常會發生不同的結果。接下來我們再看一個繼承的例子。

暗黑親情案例 II——母親生前不聞不問，過世後立即爭取遺產的不孝子

案例中的媽媽生養兩個小孩，一個兒子和一個女兒（兄妹）。兒子離家出走，失聯多年，在媽媽老的時候也沒有盡過任何扶養義務。後來媽媽因爲罹患肝癌住院，即將不久於人世，於是她透過各種管道找兒子，希望能在死前好好看一眼親生孩子。

最後媽媽終於找到了兒子，但沒想到兒子非常絕情，知道媽媽已經快要往生，卻以各式理由推託，對於媽媽不聞不問。他不僅沒有到醫院看媽媽最後一面，對媽媽的殷殷期盼也都是冷淡回絕，完全不理媽媽想見他的請求。甚至在媽媽過世之後，兒子也沒有到告別式弔念，扶養媽媽的義務和後事安排全部都由女兒一肩扛下。

後來哥哥終於出現了，因爲媽媽留下了一筆遺產，他要爭取繼承人所應該享有的遺產持分。但妹妹吞不下這口氣。她一想到之前媽媽有需要的時候哥哥都不出現，當要分配遺產的時候講都沒有講、提都沒有提馬上自動上門，而且還要求妹妹清點媽媽的遺產清冊，

並對外放話說一毛錢都不能少。妹妹憤而提出訴訟，主張哥哥有喪失繼承權的情況。

在訴訟過程中，兄妹的小阿姨（媽媽的妹妹）到庭證述姊姊在醫院剩最後一口氣的時候還一心掛念著兒子，最後卻等不到人，成了終身的遺憾，連旁邊的醫師、護理師都看不下去。當時媽媽還有特別交代要把遺產通通都給女兒，這部分有清楚的證述。最後，法院認定兒子十幾年來有惡意不扶養的狀況，甚至連母親過世的時候都不現身，違背中華倫理重視孝道的精神，足以使媽媽生前在精神上感受到莫大的痛苦，認定兒子對母親有重大虐待的情事，判決兒子的繼承權不存在。

關於案例，律師這樣說

「重大虐待」在法律上指涉哪種情況呢？根據《民法》規定，原則上每一個繼承人都可以針對遺產主張繼承的權利，不過仍然有一些特別狀況在法律規定中，繼承人是喪失繼承權的。

喪失繼承權代表一塊錢都拿不到，包含特留分和繼承遺產的權利都會喪失。這和遺囑把繼承人的繼承權剝奪不一樣，而是法律直接剝奪他的繼承權。《民法》第**1145**條有提到幾個狀況：「故意致被繼承人或應繼承人於死，或雖未致死因而受刑之宣告者。」舉一個案例說明，有位不孝的兒子急需金錢，而年邁的爸爸臥病在床已久，但老天又眷顧這位爸爸，不讓他過世。一年過了一年，爸爸狀況沒有好轉，但人還是活著。由於兒子覬覦爸爸名下很多財產，在爸爸遲早會走但他的資金缺口不能等的情況下，打了一些不好的藥物讓爸爸過世。雖然爸爸走得安詳，但事情最後被追查出來，兒子明顯有謀害爸爸的情形。根據《民法》規定，案例裡的兒子沒有資格去繼承爸爸的遺產。

假設這個兒子有一個弟弟，他也要繼承爸爸的遺產。繼承遺產要按人頭均分，每個人會有各自的持分，如果今天分母變小、分子不變的話，那每人能分的財產一定是變多。所以有些狀況是繼承人之間有糾葛，例如哥哥謀害弟弟，《民法》也規定這種狀況不能取得繼承權。另外，如果當事人是以詐欺或是脅迫使這個被繼承人開立繼承相關的遺囑，或是摧毀或變更遺囑，就會喪失繼承權。

至於「偽造、變造、隱匿或湮滅被繼承人之遺囑」，也會被判定喪失繼承權。其中最特別的一條規定就是上述案例中所援用的，對被繼承人有重大虐待或侮辱情況經被繼承人表示其不得繼承者，不能取得繼承權。案例中的媽媽生前表示不要讓她的兒子繼承，也有證人可以作證。下一步就是看兒子對媽媽有沒有所謂重大虐待或侮辱之情事，如果確實有這種狀況，就能引用這一條法律懲罰這個可惡的兒子。

法院對於上述案例的見解提到，兒子十幾年來惡意不去扶養母親，他不是不知道媽媽在哪裡，也知道媽媽需要他、思念他。他只是單純地惡意不扶養，並非受了什麼委屈，或被關在監獄、人在國外等因素而無法盡扶養義務。是否有重大虐待的情形，是法官用他的職權來做判定。

就子女的立場，我們扶養父母並非貪圖父母的遺產，如果把照顧父母的義務當成一種投資的話，我認為這是非常嚴重的觀念偏差。我們照顧父母，一來是報答父母的養育之恩，一來則是出於血親之間的關懷與照顧，這是人性。雖然我們照顧父母不是為了要求遺產對價，施予恩惠不必然會有相對應的回報，但以法律的立場來看，若對父母有不當的行為，還是有可能會被認定喪失繼承權。若是兄弟姊妹之中剛好有人是惡意不扶養，法律就給予我們一個出路和空間可以考慮提起訴訟，確保一定程度的公平。

Part5 追求公平

3 法律世界的公平認定

關於公平，我們首先想到的是平等原則。《憲法》第7條裡說明：「中華民國人民，無分男女、宗教、種族、階級、黨派，在法律上一律平等。」至於平等原則的落實，我們可以就親屬的法律關係分成兩大區間，不論子女的狀況為何，皆享有相同的繼承權利以及扶養的義務。

為了避免任何不合理的原因而產生差別待遇，《民法》第1223條有特別針對「特留分」規定，繼承人的特留分會按照他的繼承身分、順序而有所保留。例如一般第一順位的繼承人（也就是直系血親卑親屬），他的特留分是由他應繼分的二分之一。

舉例來說，一個父親養育三個小孩，他的母親和太太也都還在人世，他過世之後馬上就會浮現「繼承人是誰」的問題。依照《民法》的規定，第一順位的繼承人是直系血親裡的卑親屬，所以在這個案例中，父親的繼承人是三個小孩。由於配偶是不分順位的，為「當然繼承人」，所以在這個案子裡會有四個繼承人，每個人的應繼分就是遺產的四分之一。換句話說，如果這名父親留下四千萬的遺產，每個人可以分到各四等分，即一千萬的遺產。

假設這名父親比較喜歡老大，比較討厭老二，對老三無感，他可以用「遺囑」的方式來變更，但不管怎麼做，都不能侵害到三個小孩之間任何人的特留分。特留分是按一個人原本的應繼分做計算的（即上述的一千萬中，有一半是誰都沒辦法剝奪走的）。所以縱使這名父親很討厭老二，但是老二還是可以依法享有可以繼承爸爸的遺產，換成法律用語就是「應繼分的二分之一」，也就會是八分之一。特留分的規定某程度而言彰顯了法律的平等原則。至於配偶之間有什麼樣的平等原則適用呢？讓我們來看接下來的案例故事。

暗黑親情案例——夫妻離婚，財產怎麼分？

Ａ男和Ｂ女結婚一年，他們婚前約定特別的夫妻財產制，並在民國一百零九年一月一日兩人協議登記離婚。Ａ男的婚前財產爲現金三百萬，價值三千萬的房屋Ｘ屋一棟。而Ａ男的婚後財產爲現金兩百萬，以及賣出房屋Ｘ屋的價金三千萬，還有價值兩千萬的房屋Ｙ屋一棟。

Ｂ女的婚前財產爲新台幣一百萬，她婚後成爲專職的家庭主婦，沒有去工作，但Ａ男每個月提供Ｂ女自由處分金兩萬塊，而Ｂ女非常節儉，沒有花這兩萬塊。另外Ａ男還有借名登記，利用Ｂ女的名字買了一棟四千萬的房屋，簡稱Ｚ屋。

這案例裡有三個不動產，一個是三千萬的Ｘ屋，一個是後來Ａ男買的兩千萬的Ｙ屋，第三個是Ａ男用Ｂ女的名字借名登記去買的價值四千萬的Ｚ屋。這對夫妻離婚之後要怎麼分配財產？

關於案例，律師這樣說

我們先分兩個層次來處理這個問題，第一個是借名登記的Z屋。依照法律用語，借名登記是當事人約定一方將自己的財產以他方的名義登記，而能為自己管理、使用、處分，他方允就該財產為出名登記之契約。簡單來說，我想要買房子，但是有很多原因導致我不能用自己的名字來買。將自己的財產借名登記，將承受許多的風險，例如：假設產生借名登記的爭議，借名人必須提出資金、權狀或是稅賦負擔等等證據，證明自己才是實際的所有權人。如果出名人出賣這個不動產，依照最高法院一百零六年度第三次民庭會議決議，即便第三買受人有惡意明知有借名登記的情形，借名人亦得向出名人請求損害賠償及其刑事上背信的責任，不得請求第三買受人返還該不動產。另外，若出名人在外欠債受執行，亦不得以借名登記為由對抗執行。

舉例來說，以前的年代常可見到農地買賣借名登記的狀況。這部分有歷史沿革的因素，「耕者有其田」、「三七五減租」等政策都是確保農地拿來做耕作使用，農地的買賣都會限定有自耕農身分才能做農地的所有權人。但很多狀況是買主要買的土地雖然是農地，但是沒有做農用，若要取得這塊土地就需要一個有自耕農身分的人來做形式上、在地政機關登記的土地名義人。因此他就會找一個自耕農幫忙借他名字使用，通常都會有付相對應的報酬，甚至是簽借名登記的合約，約定實際的土地所有權人為A，但是借名的人為自耕農B，用這樣的方式去釐清這些法律關係。

後來農地買賣不需要以自耕農身分為必要的時候，這樣的借名登記情形也變少了。但隨著社會演進又有新的借名登記情況發生，例如說先生在外面有欠債，但債權人針對先生的債務取得了法院的強制執行名義，換句話說債權人已經透過法院可以去強制執行先生的財產，然債權人想要去取得先生財產的時候，先生把財產藏起來，所以他身上其實是有錢的，只是表面上查不到任何財產。假設先生錢都藏起來了但又想買房子，覺得某個不動產標的不錯想要投資，但只要買房子一付錢，就會有一個不動產資料在地政機關揭露，接著就會被債權人查封、拍賣，去作強制執行。因此先生為了躲債，為了不讓債權人知道他有財產，就用太太的名義做借名登記。

還有第三種借名登記是為了貸款的利率。例如先生在經商的過程有一些跳票的紀錄或者跟銀行之間的往來不是很順利、信用卡常常有逾期不繳的情形，導致先生的信用不好、在銀行沒辦法取得好的利率，但太太是個公務員，有固定的薪資，怎麼跑都跑不掉，所以這時候如果以太太的身分來當房屋所有權人去銀行申請貸款，比較能節省貸款成本。

案例故事中的A男借名登記給B女，價值四千萬的房屋Z屋一棟，那Z屋的所有權人為何呢？Z屋的所有權人到最後會算成是A男的，B女只是登記名義人，但這只是實質關係，那A男必須去進一步終止B女的委任登記契約，請求B女把房屋返還登記，這時候房屋才會真正回到A男手上。以法律認定來看，包含法院、債權的認定都會認為Z屋是B女的。所以若B女在外面有欠債，或是B女突然間心一狠，想要報復她老公而把房子賤賣掉，四千五百萬的房子只用四百五十萬一折賣掉。這個買賣行為是有效力的，除非是在這個買受人具有惡意，明知道是A男借名字給B女的情形之下，不然這個買賣都還是有效的。所以在這借名登記的情形，除非A男他終止和B女之間的借名契約、請求房屋返還房屋所有權的登記，否則這房子應該都算是B女的財產。

A男已經有終止委任B女借名契約的情況，所以才會把價值四千萬的Z屋算在A男的婚後財產。至於X屋的價金三千萬，那是在婚後賣出的三千萬，既然是在婚後賣出去的，是不是也算在婚後的財產呢？但X屋是在兩人婚前買的，婚前買的房屋在婚後變賣出去，這變賣出去三千萬的錢是屬於婚前財產的延伸，所以縱使財產有變形的狀況，從房子變成錢，但我們不能將這種變形認定為婚後的財產。

總而言之，A男的婚後財產就是六千兩百萬，而B女的財產包含她的存款二十四萬。因此，B女的婚後財產只有自由處分金兩萬元，以一個月兩萬計算，一年就是二十四萬。A男和B女之間財產的落差就是六千兩百萬減掉二十四萬，也就是六千一百七十六萬，兩個人財產落差甚大。B女是財產比較少的人，可以向A男請求分配婚後財產，兩人財產差額的一半即是三千零八十八萬。這可以看出法律的平等原則，在夫妻之間婚後財產分配的展現。

很多人會在婚前簽訂婚前契約，約定結婚之後碗你來洗、衣服我來洗等等的家務原則。可以約定的方式決定家務怎麼分擔，之所以約定就是為了讓夫妻的家庭生活可以更平等。這能避免有一方負擔比較重而認為不平等，進而導致家庭關係的破裂。但古人說貧賤夫妻百事哀，不管家務再怎麼分配，如果沒有足夠的金錢或是妥善分配，將會是很常見的困境。

在家庭生活費用部分，現今社會通常會以夫妻雙方的經濟能力或家事勞動的狀況來做分配。有些人家裡的狀況是，爸爸認為所有的家庭重擔都要他一肩扛起，不想媽媽在外面辛苦工作，甚至有比較大男人主義的丈夫認為女人不該在外拋頭露面，為了經濟四處奔波卻拋夫棄子、沒有照顧家庭。所以在傳統社會之下，女性常常結婚後就負擔家庭生活的相關家務，而金錢部分則是由男性來處理。

誰能夠掌握家中的費用或收入來源，那就意味著掌握了話語權。這對太太或媽媽來說其實是非常不公平的，尤其媽媽結婚之後青春全部都奉獻給這個家庭，如果她出外求職謀生還會有相對應的報酬，但是投入家庭似乎就沒有對應的報酬。而且這幾乎是一份二十四小時的工作，比外面工作更累還不能抱怨，也沒有勞基法的保障。為了落實公平的原則，《民法》第**1003-1**條規定，家庭生活的費用除法律或契約另有規定之外，由夫妻各依其經濟能力、家事勞動或其他情事分擔之，而依前項費用所生之債務，由夫妻負連帶責任。《民法》第1018-1條也有規定，夫妻於家庭生活費用之外得協議以一定數額之金錢供夫妻自由處分。換句話說，為了保障全身投入家庭卻沒有得到相對應報酬的媽媽們，上述法條規定她們可以擁有家庭費用的自由處分金，但處分金的金額還是需要透過夫妻之間的約定。換句話說，伴侶態度比較強勢的話，媽媽還是要自己想辦法去爭取。法律不保障在權利上睡著的人，有時候比較弱勢的人不好意思或是因為不願意產生對立而不去主張自己權利，那這些權利就無法妥善落實。

配偶之間除了家庭生活費用自由處分金之外，還有所謂的剩餘財產分配請求權。剩餘財產分配請求權的概念，是指當婚姻關係消滅時，婚後財產剩餘比較少的一方得向他方請求剩餘財產分配。婚姻關係解消主要可以分成兩種，一個是離婚，不管是合意離婚、大家好聚好散，或是判決離婚通通都包含在內。另一個原因就是夫妻之間有一人死亡，如果你的配偶過世，那你的婚姻關係當然是解消了。原本夫妻的財產算是共同財產制，婚姻關係消滅之後夫妻之間的財產就要去重新分配。你可能會有一個疑問，夫妻之間的財產是共同財產制，可是在結婚的時候我自己的錢還是我在花，老公的錢還是他自己在花，兩個看來是分開的兩筆錢，何謂共同？其實共同是法律的一個抽象概念。

《民法》第1017條規定，夫妻的財產分為婚前財產和婚後財產，由夫妻各自所有。當不能證明是婚前或婚後財產時，就直接推定婚後財產。不能推定是夫或妻的財產，就直接推定為夫妻共有。夫妻以契約訂立契約財產制之後，於法律關係中改用法定財產制者，我們將改用之前的財產視為婚前財產。假設夫妻結婚後會有一個虛擬的財產池子，大家都把財產丟到這個池子裡面去，但你的財產還是你的財產，我的財產還是我的財產。兩個人離婚或是有人死亡的話，就會把這個池子裡的財產全部重新清算、切成兩等分，然後再去做相關差額的請求。

換句話說，只要夫妻沒有特別約定其他財產處理計畫，通通都會適用所謂的法定財產制。有關法定財產制的分配可以參考《民法》第1030-1條，在法定財產制關係消滅之後，夫或妻的現存財產扣掉婚姻關係存續後所負的債務後如有剩餘，其雙方剩餘財產之差額應該平均分配。但有些財產不在此限，第一個是因為「繼承」或「無償取得的財產」，第二個是「慰撫金」。婚姻關係消滅後的財產分配，會有兩個重要的時間點，一個是結婚的時候，也就是婚姻關係開始時。這個時間點以後所累積的財產，通通會算入婚後財產，因為那是婚姻關係存續所累積的財產。而因為這個結婚之後所產生的債務，我們也稱作婚後債務。婚前的財產就各自歸各自的管理，不會納入所謂的夫妻共同財產認列的範圍之內。

簡單來說，婚前財產是各自處理，任何一方都沒辦法去主張他方的婚前財產的權利。但婚後的共同財產若是因為繼承或無償取得，例如爸爸在結婚之後送了一棟房子，這雖是在我婚後取得的財產，但因為那是爸爸特別指定要送給我的，而不是送給我們夫妻倆的，另外一半就沒辦法去主張這是婚後財產，進而主張所謂的剩餘財產分配請求權。

值得注意的是，剩餘財產分配請求權是有時間限制的。請求權的請求權人要在知道有剩餘財產的差額後的「兩年間」行使，若不行使就會消滅。但即使請求權人一直都不知情，請求權也不會無限延長下去，「依法定關係消滅時期超過五年者，請求權也會消滅」。以剛剛的例子來看，A男的婚後財產比較多，B女可以來跟A男請求分配。B女知道A男有婚後財產，在計算剩餘財產價值後的兩年內就要來跟A男主張，或是提起相關訴訟。如果她明明知道自己可以請求這些剩餘財產，但在兩年之內卻沒有去行使或主張，這請求的權利就會因為時效經過而消滅。為什麼明明知道卻不去請求？這也和暗黑親情有關，比如當事人礙於心理因素，遇到情緒勒索、家族長輩要求或其他壓力等等，即使法律賦予了相關權利卻不敢去行使。

還有一種狀況，當事人一直都不知道其實可以主張剩餘財產請求權的差額。例如A男都把財產藏得好好的，所以B女一直都不知道，以為A男沒有什麼財產。結果在A男和B女離婚之後超過五年，B女才偶然發現原來A男這麼有錢，還藏了好多婚後財產。法律之間的關係是為了求得人跟人之間的穩定，換句話說，如果法律介入會使人跟人之間的關係發生變化或剝奪的話，那麼法律設計會希望當事人能行使相關權利，以達到穩定的狀況。法律之所以會規定時效，是為了避免當事人多年之後還回頭來要求行使權利。到時候人事已非，證據資料也無法提供，舉證也會變得相當麻煩。所以剩餘財產請求權的相關法條也明定消滅的時限，包括離婚、配偶一方死亡等等，只要超過五年沒有主張剩餘財產分配請求權，當事人就會喪失權利。

討債集團常見的說法是夫債要妻還，他們常常跟法院申請代位主張解消法定財產制改為分別財產制，解消法定財產制，就能結算夫妻之間剩餘財產的分配。負債的丈夫解消法定財產制之後，就可以去和比較有錢的太太要求兩人婚後財產的一半。以**Part 3**提到的例子（**P.090**）來說，丈夫就可以跟太太要求分配。討債集團的手法是，主張《民法》第242條裡的代位，代老公去行使，解消法定財產制，之後請求剩餘財產分配，再以債權人的地位代位強制執行。討債集團透過這樣的代位制度，形成夫債妻還的狀況。但也有一種情況是老婆真的很會賺錢，老公也真的沒有把財產藏在老婆那裡。地下集團還是會用這招做強制執行，以致於老婆明明沒欠錢，卻要幫老公還債，造成很多社會紛爭。

為了進一步落實公平和平等的觀念，我國《民法》有做相關修正。《民法》修正後，人們一樣可以主張代位權，但是剩餘財產分配請求權改為一身專屬權。簡單來說，現在除了婚姻關係中的當事人能主張剩餘財產分配之外，其他人都不能來主張。無論是地下錢莊或是其他債權人，都不能代替我向老婆主張我要分配財產制以及主張剩餘財產分配請求權。

Part 6

東西方文化差異

1. 一時犧牲一時慘，一直犧牲一直慘

我從小在台灣長大，父母在教育上也都是採取較高壓和傳統的方式。而在擔任律師五年多之後，又到美國念了法學碩士的學位。不管是在學習或工作、家庭觀念或是社會氛圍上，我對於東西方的差異都有深刻而且親身經歷的體悟。就生活方式來說，不管是對於小孩或是青少年，最大的差異是獨立與依賴。

獨立是西方國家或是西方文化裡較大的特色，指的是獨立於家庭之外。東方文化較為依賴家庭，像是家庭成員結婚等重大決定也會徵詢家人意見。不管男方或女方，大多在徵詢家人同意後，才會進一步決定是否舉辦婚事及舉辦方式。可是這在西方世界裡卻很難想像，當然把另一半介紹給家庭是再正常不過的事情，但婚事必須取得家庭或父母的同意是無法理解的。

時間和聚會觀念也是值得觀察的部分。在西方文化來說，「準時」就是假設雙方約十點碰面，那彼此十點就得出現在那，這叫做準時；而在東方文化來說，前後慢了五到十分鐘似乎也在準時的範圍之內。至於聚會，如果我們去西餐絕對不會坐圓桌，吃中餐可能是因為餐廳格局安排，有方桌、圓桌，但是只要人數夠多，中餐一定是圓桌，而西餐一定是方桌。這是一個很特別的概念，大家或許參加過婚禮前新郎與新娘準備的婚前派對，裡面常常會遇到一個狀況是大家都站著，可能會有雞尾酒、香檳、紅酒提供給大家站著聊天、社交，但是在東方的社會裡，我們會希望每個人都是聚會裡的一分子，希望全桌的人在視野上都能充分看到發言者，在聚餐過程中也有機會充分了解、認識彼此，這是餐桌上對彼此的尊重，也是交流，像是港式的婚前派對可能是在打麻將。

但在西餐來說，大部分的狀況會是東邊一個桌子、西邊一個桌子，一個方桌可能坐四個人，所以宴會上到處都是方桌，實際上大家坐在方桌上的時間似乎也不是很多。這樣的差異常常也會出現在所謂年夜飯上。我們在東方文化裡，家人的團聚大概就是除夕的年夜飯，而西方的團聚通常是在感恩節或聖誕節，全家一起享用大餐。在他們團圓的概念裡，其實是很單純的，回到原生家庭裡慶祝節日，不像在東方文化裡是回歸到家族而非家庭。家族裡可能以爺爺為首、祖孫輩為佐，所有成員團聚在一起。

至於面對生活大小問題的處理方式，西方是有遇到問題就處理問題，而東方人講求和諧，遇到問題先閃躲問題，這問題如果可以不面對或用其它的方式繞過，就先不處理，在家族裡一切講求和諧。如果今天有誰當凸出來的那根釘子要處理這問題時，**通常在東方的處理方式不是正面地處理問題，而是會處理提出問題的人**。到最後問題沒被妥善解決，但是那個人被處理掉，相對問題就再也不存在，這是東西方文化上較大的差異。

另外人格特質方面，西方人的自我觀念非常強，而東方人則相對比較弱，容易顧忌別人針對自己提出來的想法會不會有其他的意見。舉例來說，你對團圓的年夜菜可能會有自己的想法，這一天就是想吃佛跳牆，佛跳牆裡有豬肉及其他配菜，在東方文化就會考慮「那個誰吃素」、「誰不吃豬肉」等等，很多方面都會考慮到別人。而在西方的想法就是「我今天就是要吃佛跳牆」，以自我為中心，滿足自我的需求。雖然相對之下比較不「體貼」，但這樣反而會過得好。反觀東方的觀念會讓大家感受到非常貼心，但是委屈都往自己肚裡吞。

提到餐點，不得不提到西方比較特殊的飲食文化。我們東方人吃三餐的狀況是：偏好所有的食物都是熱的。好比說早餐是一個熱呼呼的饅頭或是粥，甚至有些偏好在地化的，像我是台中人，台中當地喜歡吃炒麵、滷肉飯作為早餐；午餐也一樣，不管是便當、快餐，也是熱呼呼的一餐；晚餐是重頭戲，更是豐盛，沒有來碗不錯的熱湯好像就沒有一個好的結尾。但西方就很有趣，西式早餐除了咖啡外，真的要找到熱呼呼的東西好像不多，有時可能吃穀片簡單解決；午餐可能選擇熱食，或吃個冷冷的三明治，而晚餐常常也都是冷食比較多。舉例來說，我很喜歡去滑雪，選擇好的雪場時有幾個考量因素：雪質（下雪品質好不好），還有餐飲的狀況。我在歐美滑雪時，常常受不了天寒地凍又找不到熱的東西可以吃，尤其肚子很餓的時候，也不會想點咖啡。站在餐廳門口看半天，好像只有辣雞翅有點溫度，其他連一點溫度、熱的感覺都沒有，不像去日本滑雪，想吃點熱食馬上就會有一碗拉麵，或是一碗熱湯可以喝。所以在飲食上也是反映出東西方的文化差異。

另外，東西方對於「探索」的觀點也有很大的差異。東方文化是採取較保護的立場，希望保護探索未知世界的年輕人不要受到任何挫折或傷害；在西方世界則是採取較鼓勵的態度，例如當年輕人面對挫折時，他們會說：「你幹得好好啊！太厲害了！太強了！」用鼓勵的方式增加青少年的信心。

老人生活也是一個有趣的文化差異。如以屆齡退休年紀來判斷是否為所謂的老人，西方老人平常的生活就是遛狗、遛寵物，而東方老人的生活是遛孫子，帶孫子到各個百貨公司或玩具店、公園。老人的社會地位，在東方老人就是所謂的智者，我們常說「家有一老如有一寶」，但是在西方社會裡，老人的社會地位非常低落，他們的老人對於社會上的影響力其實跟東方比起來是遠遠不及的。另外，東西方文化裡對待小孩的方式也有很大的差異，例如：父母管小孩時，西方文化裡祖父母不會插手，小孩的教育就是交由父母處理，他們一代管一代，上一代管下一代，上上代不會隔代教養，可是在東方完全不一樣，是爸媽、祖父母都要管。對此我有很深刻的體悟。小時候去上學時，那是一個冬天，但冬天總是會有暖冬，我比較怕熱，媽媽也知道我比較怕熱，所以我穿長袖就要出門，但是阿嬤立刻叫住我，說道：「你穿這樣不行、會冷。」所以我被活生生硬套上外套，這就是管教上很大的差異。如果是在西方社會裡，媽媽怎麼管、小孩怎麼做，祖父母是不會管的，可是在東方社會，有一種冷叫做阿嬤覺得你冷，你、就、是、冷！

說到穿衣服，不得不提一個很大的差異——洗澡。在西方，他們覺得一日之計在於晨，起床後第一件事先去洗澡，有很好的提神效果，所以他們白天洗澡的比例較高；東方認為回家之後要洗去一身疲憊，所以大部分是睡前、晚上洗澡較多。其實有時候我覺得很奇怪，有人想要提振精神所以洗澡，又有人是要洗盡疲憊所以洗澡，但我覺得這或許跟水溫有關。如果今天是要提振精神，白天洗冷水或是晚上洗冷水應該都可以提振精神，當然這是以我自己個人經驗粗淺地和大家分享東西文化差異。

除了上述提到幾個東西文化差異，還有個值得一提的東方觀念叫「養兒防老」。大家都覺得養小孩是個類似投資的概念，把小孩投資成功後，老了就不用擔心沒人依靠。而在西方來說，先把依靠的觀念抽掉，因為西方文化核心本質其實就是「獨立」，所以他們也從來沒想要依靠別人，不管是老人、小孩。他們本質獨立，在小孩離家後自己獨立生活，所以前面提到，他們的老人都是養寵物、養狗，而東方的老人都是遛孫子、孫女。在這樣的情形下，養兒防老在西方幾乎是不存在的觀念。大家都有個認知，今天如果我老了之後，會希望在老之前、經濟能力還許可的狀況下，能夠為自己的老年生活，不管是在財務、生活甚至在養老中心的選擇上，都事先做規劃。這在台灣或是東方社會，如果你在爸媽還沒退休以前就討論要挑選哪間老人中心、養老院等話題，一定會被打死，被說是大逆不道。這就是東西文化差異很大的地方。東方的老人對於退休後比較沒規畫，他的規劃、想法就是會想把他自己跟家庭綁在一起。我認為這是文化上的傳承和沿革。東方老人是屬於家庭、家族主義，最老的老人在家族裡最有權勢、力量、講話最有分量，當帶頭的老人過世後，就會有新的老人終於登上巔峰。掌握權力後當然是要綁住家庭，所以就會有一個很有趣的情形：家族裡所有一切都要圍繞這個老人來打點、處理。大家如果有看過《瘋狂亞洲富豪》這部電影，裡面母系社會的媽媽對於整個家族走向，包含孫子要娶什麼人，都有瘋狂、嚴格的控制慾。這當然是我們東方文化的一部分，但這樣的文化對於兒孫輩的發展似乎有好也有壞，例如：如果家庭財力狀況沒問題，老人對家庭財富的貢獻也有相當的程度時，其實家族控制的狀況不會出現什麼太大的問題；但萬一帶頭的東方老人對家族或家庭的貢獻能力不佳，甚至是豬隊友，只會花錢不會存錢、賺錢時，這樣的制度就會出現一個問題，家庭資源都供養老人。但資源是有限的，兒孫輩的培養資源又從哪裡來？家族馬上會面臨到一個狀況——所有的資源都會被老人吃掉。為什麼資源是給老人而非小孩或是兒孫？第一，目前沒急迫用到；第二，老人就是長者，在東方文化一切都要敬老尊賢、以老人為優先。在這樣的整體氛圍下，如果家族裡資源是有限的，大多優先使用在照顧老人上，可能會在培育下一代時出現狀況。

在老人照顧這個議題上，資源的投入與分配將是很重要的課題，而資源的分配有兩個可以討論的方向，一個是金錢支出，一個是時間、勞力的付出。這個章節提到

「一時犧牲一時慘」，就是指如果今天付出並不是無止盡，付出其實是有計畫或是範圍，而且照顧長者的分擔能在家裡講清楚、說明白，甚至用合約、文字的方式事先規範清楚，就可以避免後續會遇到的「一直犧牲一直慘」。因為一旦犧牲，如果沒有界線或範圍，就會導致不斷犧牲的狀況出現，最後的結論就是大家都認為你的犧牲理所當然，而你就會被照顧長者的義務困住。

暗黑親情案例——給娘家的孝親費，被花到哪裡去？

最近遇到有個客户D女，是家中獨生女，後來嫁給醫生。她本身是外商企業的高階主管，經濟獨立，丈夫出身醫生世家，所以這對夫妻家裡整體經濟高於平均水準很多。但是婆家對於經濟控管嚴格，希望這兩人爲了共組家庭、照顧下一代，不要亂花錢，甚至希望這兩夫妻未來年老時的生活能夠有預先規畫，所以要求他們把錢存起來。但是D女的媽媽經濟上沒有過得很優渥，爲了照顧娘家媽媽，她每個月都會準備兩萬塊孝親費，沒有告訴老公，也沒讓婆家知道。反正這是她自己賺的錢，要怎麼花就怎麼花。

理論上媽媽已經年老了，應該花不到什麼錢，兩萬塊照理說很好過，但想不到每個月跟媽媽見面時，她總是看起來過得很辛苦的樣子，面黃肌瘦、氣色不佳。有一次媽媽跟女兒説自己有個願望，就是很久沒有出國走走了，很想跟朋友們出國去旅遊一次。但出國需要旅費五萬塊，D女當下愣住，心想每個月已經給兩萬塊，這個月又要給五萬塊，等於一個月要給七萬塊，這樣金錢上的需求是否太大？基於孝順的心以及東方文化裡的敬老尊賢文化，D女還是擠出五萬塊給媽媽，直到過年前除夕時，回家探望媽媽、幫媽媽打掃家裡，打開了一個很大的紙箱……。

紙箱一打開D女整個臉都綠了！箱子裡面全部都是直銷公司的保健食品，還有一張獎狀：公司的特優會員（鑽石、藍鑽）。D女整個人都愣住了，原來媽媽面黃肌瘦的原因就是兩萬塊沒有拿去吃東西、五萬塊也沒拿去出國旅遊，全部拿去貢獻給直銷公司。直銷公司的產品有沒有吃？有，但是沒用，所以還是面黃肌瘦。所以在這樣的狀況下，以爲自己盡了該盡的孝心，但媽媽眞的有快樂嗎？

關於案例，律師這樣說

媽媽真的有快樂嗎？沒有，真正快樂的是直銷公司。這絕對不是我們樂見的，所以在這暗黑親情的情形下，我們會建議：如果想要孝親，又想避免上述這些款項要如何使用、擔心媽媽遭不明或有心人士拐騙或挪用金錢，其實可以開另一個信託的帳戶，把原本規劃的孝親費放到信託帳戶裡面，以信託的機制去保障權利，但這都已經是父母年老後的狀況。你永遠不知道在爸媽年老的時候，自己到底有沒有能力負擔扶養費用，所以如果能事先預防，例如：在父母還能工作時，大家一起溝通，父母年老時會怎麼規劃生活。

這部分可參考西方的文化，父母能夠有自己的存款，不要花在小孩身上，而是花在他們自己身上，讓他們自己選擇未來退休後的生活，規劃退休後的財務，甚至自己挑選退休後要住的安養院，用溝通的方式扭轉這種扭曲的文化。因為財務這方面是很現實的，子女再怎麼孝順，但財務狀況不允許的狀況下，一定會牽連甚至拖累到需要照顧的下一代。

另外，大家也可以鼓勵爸媽在退休後多多學習不同事物，例如社區大學裡有很多長青的課程，可以學插花、游泳、爬山健行等等，讓他們拓展交友圈，而非把所有生活重心全部集中在家庭裡。如果重心都在家裡，與其說關心子女，不如說他不能沒有你、只剩下你，他所有的快樂、煩惱、憤怒等種種情緒，全部都只會在自己的家庭裡展現。但若他有屬於自己的社交圈，就像是西方文化的老人一樣，整個家庭的運作也會變得更和諧、順暢。

2 獨立

相對「獨立」的概念，就是所謂的「依賴」。西方文化講求在家庭裡獨來獨往，比較不會依賴、依靠別人，包含家人；東方社會裡則強調大家庭的概念，在這大家庭裡，家族成員會互相幫忙、協助，這是正面的詞語，負面的詞語就是互相依賴、拖累、拜託，這都是有可能的狀況。

「獨立」其實某種程度上意味著家庭成員間的關係緊密與否，或是成員間相處模式為何。舉例來說，東方文化中，家庭或大家族在古代是務農，要耕田、耕地首先要有土地，所以通常會以土地來凝聚家庭向心力。尤其早年台灣土地都是由大地主、一個家族所持有，隨著家族成員越來越多，會不斷繼承、分割，演變成更大的家族，家族與家族間就會互相團結對外經營事業，例如板橋林家、霧峰林家等等，都是很知名的家族。這樣的情形在西方社會其實較少見，在西方社會裡，家族觀念相對較薄弱。如果我今天是家庭的經濟支柱，往下可能是照顧小孩、往上照顧父母，但是在西方社會裡，小孩早早就脫離家庭，快的是從高中畢業組建新家庭，就脫離原生家庭，慢的是從大學畢業後脫離家庭，所以他們對家庭觀念相對於東方文化來說，並沒有那麼緊密。他們脫離家庭之後，如果經濟上遇到狀況，或是需要購置房地產，甚至對外有欠債、感情有糾紛，他們都傾向自己獨立處理，換句話說就是「個人造業個人擔」。但在東方社會裡，這種情形相對來說比較少，因為大家有家庭的概念，所以父母就像是保護傘，無時無刻呵護自己的小孩，縱使小孩已成年甚至進入中年，還會有很多小孩賴在家裡，吃喝用睡都在家裡，許多事情都不負責任，導致最後有些逆子、弒親，或是逆子為爭產發生社會糾紛的情形出現。

以我個人為例，我是台中人，從出生一路到高中畢業都住家裡。由於家中的教育方式較高壓、傳統、權威，所以我非常想要逃離家裡的控制。後來我選了台北的大學，從此脫離家裡，但是我並沒有經濟獨立的能力，所以學費也是由家裡負擔。剛好運氣很好，媽媽是公教人員，大學的學雜費都有國家補助，我也算是國家提拔養大的大學生，至於生活費也是由家裡支付。以我自己而言，家裡幫助我到大學畢業，服役這段期間則是由國家養我，跟家裡一點關係都沒有，服役後準備一年參加律師的國家考試，這期間也是家裡補助我在台北的生活費，所以嚴格來說我是一路被扶養、被家裡經濟資助到退伍後考上國考前。至於補習費的部分，我當時和家人講好各出一半，因為當兵時有存下一些錢。其實我內心渴望早點經濟獨立，畢竟拿人手短、吃人嘴軟。一旦需要家裡支持，就永遠無法擺脫家裡的控制。我也一直認為家裡對我的資助應該是有限的，畢竟家裡還有兩個弟弟要扶養，所以我在不需家裡經濟支援的時候立即表示：「謝謝之前的照顧，接下來請把資源給弟弟就好。」

其實每個人的人生歷程都不盡相同，尤其東方社會之中有幾個人生重要階段：第一個是求學，學雜費每一個人的支出來源都不一樣，但相信有相當大的比例都是由家裡支出；另一個就是結婚，在東方社會，男生通常要付大聘、禮聘、小聘、婚紗、喜宴等，都是相當龐大的支出。就一個剛要結婚、剛踏入社會的新鮮人來說，這是一筆天文數字的花費，很多新人大多透過家庭的資助才能完成終生大事，完成後也要考慮買房的問題。剛踏入社會的新鮮人經過結婚的折磨，付了這麼多錢後，要他拿錢出來買房，即使現在頭期款只要兩成自備款，但如果是買在台北市，金額仍相當高……。買房的錢從哪裡來？大多是家裡資助。甚至買房後，在公司當員工覺得事事不如意，認為自己當老闆最好，所以開始想投資、創業，投資的錢從哪裡來？又是拿家裡的錢投資。結果投資不順利，對外欠了一大筆債，如何處理？很多人又是把家庭搬出來。由此可見家庭在我們成長過程中的地位。

反觀西方的社會，青少年從高中畢業或大學畢業後就脫離家庭了，而且是完整、徹底地脫離。以美國為例，小孩可能在某個州念高中，但大學可能是在遙遠的另一個州念，距離非常遠，通常只有在過年期間（聖誕節），他們才會回家一次。這跟台灣的狀況不太一樣，台灣有高鐵，大家不管在哪個縣市工作、念書，基本上都是一日生活圈，但這在美國是不可能的事情。而青少年離開家庭後，他們會透過打工、申請獎學金或貸款等方式，經濟上慢慢獨立。他們念大學的人不是很多，主要是因為學費的問題，但是美國公立學校的就學補助很高，所以念公立學校的學費門檻並不高，只要考得進去、申請得進去就好。但如果是念私立學校，學雜費的金額都是相當高的，所以到最後大家就只得用申請獎學金的方式（家庭經濟優渥者不在我們討論的範圍內），因為大多數人還是以進入大學後都自力更生為主。

既然西方年輕人很早就脫離家庭，他們的家庭觀念相對薄弱，自然也不向家庭伸手拿取資助。換言之，當他們的父母變得老邁，這些年輕一代也會有這樣的想法：「早年我沒向你伸手要錢，也沒向你要資源，你老的時候也別和我要。」因此西方世界的老人也很清楚，他們為子女投入的資源並不是那麼多，就有相當多資源能夠節省下來，為自己規劃退休後的生活。這在東方世界裡是比較沒辦法想像的，因為我們一出生就和家庭綁在一起，從小就是家庭資助我們，所以在年老時，父母親或是長一輩的人一定會有些期待，認為既然從小都是家庭資助，等長大以後有點經濟能力，也應該要報答家裡。

但最近這風氣開始有點慢慢走偏，因為人都比較自私。我們常常會遇到年輕人在年少時不斷吸取家庭養分、接收家庭的資助，但是成人後卻不願意照顧家庭，付出相當的心力或是成本扶養上一輩的老人。

換句話說，在年輕時享有東方社會的家庭溫暖，但在年老時又嚮往西方文化的老人獨立自主。我覺得這是相互的概念，如果要走西方式的家庭概念，應該就全然都是西方式的；如果要走東方式的家庭概念，那應該全然都是東方式，這樣才是實質上的公平。我個人的想法是：如果今天我們能夠中西合璧，換句話說，把資源盡量給年輕人，但是讓年輕一輩是有限度享有資源，而不是無止盡地給予，包含已經退伍、出社會工作，過年回家還拿長輩的紅包，這講出去能聽嗎？但是這樣的事情在社會上仍不斷發生，據我所知，周遭很多朋友，尤其是女兒，常常領紅包領到結婚前，男生領紅包則是領到工作前，這是我一直覺得很特殊、不可思議的文化。

兩者之間如果能夠取得平衡，扶養小孩的過程中能夠和子女提到家裡對他們的照顧是有限度的，因為父母也要為退休做規劃，而父母年老時也能秉持不要造成下一輩的困擾，我想這種態度應該會比較有助於舒緩各種家庭紛爭，特別是針對老人扶養議題的爭執。如果大家都能達到及早獨立、及早自我供需平衡，相信現正上演的這些扶養、拋棄、遺棄親屬的社會亂象應該就會慢慢減少。

3 孝順

孝順在東西方來說是完全不同的概念。西方文化裡找不到「孝順」這個名詞，換句話說，孝順對西方人是很抽象、不存在的概念。我們如果針對文化發展較短的美國人，問他們孝順的英文是什麼，他們可能答不出來，因為他這輩子連這單字都不曉得，原因是文化中沒有這個概念。以我們對英文的了解，孝順的英文或許可以用一個名詞來代替：filial piety，其中piety其實是宗教上的用法，屬於虔誠、敬畏的意思，通常是對上帝使用，甚至有時候會有畏懼或是不得不這麼做的感覺。所以filial piety這樣的名詞其實在美國不是很普遍，因為西方文化裡基本上沒有「孝」的概念。

如果我們追溯西方文化的本源，通常可以參考《聖經》裡的相關內容與記載，但《聖經》裡有關孝順的故事似乎屈指可數，所以從宗教立場來看，西方確實沒有一個整體孝順的觀念。在相關宗教文化記載裡，《出埃及記》第12章、第12節有記錄這樣的文字：「當尊敬父母，使你的日子在耶和華你神所賜你的地上得以長久」。仔細端倪這段文字記載，它表達的是尊敬父母而不是孝敬父母，所以在英文版的《聖經》裡談到對待父母親時，通常會用到最普通的動詞是honor，就是所謂的尊重、敬重或是給予他人榮譽的意思；法文《聖經》用的原文是honore，但是字義上也是所謂尊重、敬重；義大利文的《聖經》原文其實也是尊重、榮耀他人的意思。所以在這些基督教文化民族當中，沒有一個在《聖經》上是用下輩對上輩，以孝順的孝當做動詞，或是表彰對上輩的尊敬，用的都是人與人關係中的賜予。

西方世界對孝的觀念

難道在西方世界裡都沒所謂孝的概念嗎？那他們下輩跟上輩之間相處的模式到底怎麼進行？這部分歸納來看，其實西方文化都是用「愛」來代替一切的親情關係。愛的最基本特徵是永遠不計回報，我們叫無條件的愛，所以父母對子女的愛就是所謂無條件的愛，而對愛的回覆、回應就是尊重和感恩。因此對西方人而言，他會感謝父母養育自己長大成人，家裡有需要時也會出錢出力幫忙，但不會什麼事情都依順父母、完全遵照父母的意思。他們也不會有每個月給孝親費的觀念，因為西方人知道往後是自己的人生，是為自己而活，並不是為父母而活。他們的父母如此，祖父母、曾祖父母也是如此，世世代代一路傳承下來，自然不會有東方文化所謂孝順的概念。換句話說，對西方人而言，對父母付出是回報父母的愛，或是感恩父母無條件的愛。子女對父母愛的回報，其實是建立在相互尊重、和平對等的基礎上。而這份愛的回報、表現，自然會包含東方文化孝順的義務。

東方世界對孝的觀念

在東方世界裡，「孝」是尊重、善待父母，給予無微不至的照顧；而「順」的部分，指凡事依順、不違背父母意志、聽話。所以結合孝與順的意義，就是尊重、善待父母，且依順、不反抗。

在華人文化圈當中，被指責為不孝是極度嚴重的。你或許可以說一個人長得醜、沒有錢，但你不能說別人不孝。尤其子女不順從父母，在華人道德觀裡是很難接受的事情，換句話說，縱使父母對小孩的要求不合邏輯及道理，但只要違背父母的意思就會被家族、同儕甚至社會指稱為不孝。很多人說孝順是儒家文化的美德之一，但是美德是不是應該有個界線，而非所有的事情都要依照父母的想法來實行。尤其一味要求孩子順從父母的意見，可能會拘束孩子未來的發展，讓他們喪失獨立、探索及自我發展的能力。

從《二十四孝》談東方世界對孝的觀念

(1) 吳猛恣蚊

提到東方文化的孝順，首推無人不知、無人不曉的《二十四孝》。我在美國課堂上分享過《二十四孝》的故事給同學聽，大家都嘖嘖稱奇：「怎麼可能？你們這些東方人／華人到底在想什麼？」例如〈吳猛恣蚊〉，這故事講述晉朝有個孝子叫吳猛，他8歲時因為家裡很貧窮，買不起蚊帳，但夏天蚊子很多，為了避免父母在睡覺時被蚊蟲叮咬，所以他先用自己的身體，讓蚊蟲吸他的血吸到飽，如果只把蚊蟲趕走可能會又回來叮咬父母，所以他每天晚上都是讓蚊蟲叮咬，避免父母被叮咬而身體不健康或是睡眠受到干擾。這故事放在現在的時空來看，是非常不可思議的事情。蚊蟲有很多傳染疾病，以8歲兒童來說，難道不會因為蚊蟲叮咬身體而出狀況？是不是違背《孝經》裡的「身體髮膚受之父母、不敢毀傷」？這其實是一個無法理解的矛盾。況且蚊蟲又不是一天只吃一餐，吳猛傍晚時讓蚊子吃飽，晚上蚊子還是會繼續吸血，他不但受了皮肉之痛，也沒辦法給他父母帶來真正的良好睡眠品質。我覺得這是《二十四孝》裡難以讓人理解的其中一個故事。

(2) 臥冰求鯉

〈臥冰求鯉〉也是《二十四孝》的代表之一。晉朝有個孝子叫王祥，因為早年喪母，而且繼母對他很刻薄，常常在他父親面前講壞話，以致於他被父親冷落，但是他的孝心不因被冷落而有所改變。有天繼母生了重病，但是王祥還是侍奉繼母如同侍奉親生母親，繼母一樣刁難王祥，說想要吃活的魚，王祥心想：「鯉魚都是在湖裡，湖都結冰了，冬天去哪找魚給繼母？」但是為了滿足繼母的不正常要求，他不惜在結冰的湖面上試圖以體溫融化冰塊，因此感動上蒼，最後冰裂了，跳了兩隻鯉魚出來，讓王祥可以把鯉魚撿回去煮給繼母吃。在現代來說，不知道各位有沒有去過結冰的湖面，不管體溫多高都不可能融化冰，況且在零下的溫度裡，如果皮膚直接與冰塊接觸，馬上就會凍傷，科學上根本不可能，在精神上這也是一種「愚孝」。用自己生命換取達不到、不可能捕獲的鯉魚，進而把鯉魚給繼母吃，這是在現代社會是難以理解的。

(3)為母埋兒

《二十四孝》裡最驚悚的代表作品叫做〈為母埋兒〉，主角是孝子郭巨，家境貧窮，他有個老母親和一個三歲的孩子。母親平時很疼愛孫子，把飯都給孫子吃，身體變得越來越差，但是孫子真的很能吃，以致於最後郭巨覺得這樣下去，總有一天自己的媽媽會因為營養不夠，影響身體。於是他和妻子商量，決定要把兒子埋了！為了照顧年邁的母親，居然決定要把小孩殺了、埋了。正當郭巨在挖洞時，突然間出現一地的黃金，裡面有張紙條，上面寫著：「天賜孝子郭巨，官不得取、名不得奪。」也就是說這黃金是要給郭巨買東西吃的。郭巨與他的太太欣喜若狂，不埋小孩了，母親也有東西可以吃了。這在現代社會裡是殺人的行為，父母生了小孩，小孩的誕生就是為了傳承、繼往開來、給下一代更好的生活，很難想像為了要讓母親、自己的上一代有食物可以吃，而直接殘害下一代，這是完全沒辦法接受的概念。這部分更顯露出為了表彰華人世界的孝道，甚至連人性、生命價值皆可拋，這一點我非常無法理解。

(4) 刻木事親

另外也有個類似安娜貝爾的故事，就是《二十四孝》裡的〈刻木事親〉。有個孝子叫做丁蘭，年幼時父母雙亡，但他感念父母養育之恩，所以長大後就依照小時候記憶，用木頭刻了父母的形象供奉在廳堂每天祭拜，甚至有任何狀況想跟家裡商量時也不會找妻子，反而直接找木頭商量，我覺得這已經有點精神分裂。太太嫁給他後，時間久了，她覺得丁蘭對木頭如此恭敬，心有不甘。一日好奇，便拿針刺木雕的手指，結果木雕手指竟然開始出血。丁蘭回到家時，看到木雕竟然在流眼淚，最後發現是太太太拿針刺木頭，居然把她給休了。前面舉的例子都是父母健在的時候，為了侍奉父母引申出來的故事。這是父母不健在的狀況下，太太好奇刺了木頭，不管木頭到底有沒有流任何東西出來，因為這樣的狀況就把這輩子要跟自己走完一生的人輕易休掉，實在讓人匪夷所思。這故事顯示了縱使父母已經不在，以東方文化的孝道精神，遵循孝道的重要性遠遠大於跟現在配偶間的相處。如果與配偶相處之間遇到摩擦，東方文化要我們應以孝道為主，即使父母已經不在世上。

(5) 孝感動天

《二十四孝》裡的〈孝感動天〉，故事主角是中國古代堯舜禹湯的舜。因為他的生母早逝，所以舜和繼母、同父異母的弟弟（象）生活在一起。繼母一直想害死他，有一次趁著舜在修補屋頂時，在下面放火要燒死他，還好舜發現得早，及時逃跑。事後舜竟然沒有怨恨，還對繼母與父親孝順，也對同父異母、要害死他的兄弟一樣慈愛。他的行為感動了上天，上天派大象幫舜耕地、小鳥幫他除草，最後舜還被皇帝堯選任為繼承人。這故事又是在告訴大家，不管父母對你有做出任何殘忍的事情，包含可能危及性命，還是要對他非常孝順、恭敬，一切唯命是從。放在現代社會裡，這應該屬於家暴案件，要馬上打113，或是到警察局聲請緊急保護令，避免後續發生威脅生命安全之事件。但在東方社會裡竟然把這些案例列為《二十四孝》，散佈一種「即使父母再怎麼不對，我們一定要吞下去」的觀念。

(6) 嚐糞示孝

有名的孝道故事還有〈嚐糞示孝〉，吃大便表現自己的孝順。在古代，有個南齊的官吏，他對父親孝順至極，後來父親病危時，醫生表示要知道病情必須吃父親的大便，才能藉以診斷到底現在父親有什麼異狀。這個官吏聽了醫生建議後，真的吃了父親的糞便，發現大便中帶有甜味，讓醫生能夠對症下藥、醫治父親。從現在醫學角度來看，吃大便實在沒有科學依據，但是引申的意涵就是「在東方社會裡，不管再難堪的事情，只要對父母有益都會鼓勵大家去做」。

在以上幾個《二十四孝》的暗黑層面中，其實是要跟大家分享，我們的孝順也可以借鏡西方的觀念：愛。愛有很多層面，包含包容、不求回報、無條件的愛，或是尊重與感恩，但不應該是像東方社會這樣極端、不計一切的順從，不管是否違法、不管父母親是否要殺死孩子。

人類學家曾經就東西方人群全體研究，比喻西方就像是一捆柴火，彼此都是各自獨立；而東方就像是投入水池中的石頭形成的漣漪，必須要維持這樣的形式，用道德使人服從。家庭成員之間的互動是一種家族、道德觀念的拘束，或者是獨立個體愛的展現，這是相當不同的狀況。但在現今社會裡，我們應該探討自己究竟是希望後代因為受到父母的愛主動反饋，進而懂得感恩與回報，還是只是希望利用道德觀念的規範要求下一代孝順？

法律是最低標準的道德，道德是最高標準的法律，如果要以道德規範要求小孩孝順，在現今的階段來說，可行性與會遇到的阻礙如何？是否可以借鏡於剛剛分享的西方文化，使東方原本所擁有的孝道美德更合理化，都是我們可以思考的範圍。

4 探索

有關人生中的探索，我們可以按照年齡區分成很多情況。在青少年時期、出社會後、求學過程中到大學時代的探索，每個階段要探索的目標、方向，或是當下的心理狀態都是不一樣的。

最早的探索階段應該是在青春期／青少年時。以我個人為例，我認真思考、探索未來應該要往什麼樣的方向努力、未來想做什麼等問題，其實是在青春期。青春期大家都經歷過，難免有叛逆的狀況。有些人青春期來得早、有些來得晚，但是在青春期時，青少年在心理層面上都會有很巨大的改變，改變的狀況不外乎從原本依賴家庭，與父母關係非常親密、無一不從的情況下，開始想要一躍而成獨立自主的個體。舉例來說：小時候跟爸媽的互動都很好，整天抱著媽媽、爸爸，覺得人生只要有爸媽就好，跟爸媽感情非常好；到了青春期，就會發現同儕間似乎會有一種觀念或是價值觀，認為「都已經幾歲了？」跟爸媽好或是一切聽爸媽，代表沒有主見、不夠獨立、沒有自己的想法，這樣不夠酷，或是被稱為靠爸族、媽寶。青少年為了避免被同儕間訕笑，或者為了展現自己能夠獨當一面，所以在青春期的過程中常常會有想要探索人生的慾望。而這探索就是未來青少年人生的十字路口，因為探索的結果往往會成為青少年人生未來如何詮釋、融入這社會的關鍵起點，決定他們將會在這社會、世界上扮演什麼樣的地位或角色。

因此這個時期的探索非常重要，過程中要認清自我，並且確定接下來人生要走的方向或是角色。我們人生的意義除了在物質上的追求外，在精神層面上的探索也是很重要的一環，精神層面的探索意味著尋找未來在人生上存在的價值或是意義。哲學家亞里斯多德曾經主張：人生的目的是為了追求幸福，或許每個人的目標不一，但越能在物質與精神間取得平衡，就越可能實現幸福的人生。

然而不管哪種型態的精神探索，在東西方文化上存在著相當大差異。在東方，家庭與學校常常以金錢價值或是社經地位來論斷，或是誤導精神上未來人生探索的方向。尤其是在文憑至上的台灣社會裡，常常鼓勵青少年學生「萬般皆下品，唯有讀書高」，要求學生只要讀書就好，其他什麼都不用管。

這部分我有深刻的感受，尤其在傳統的家庭教育下，從小不管是父母親或阿嬤，都是特別跟我交代：「只要把書念好就好，其他都不要管。」我的媽媽是國中國文老師，我常常會挑戰她一個問題：「你們國文老師給我的感覺總是為了題目的答案護航，根本不知道題目真正的答案是什麼。」這聽起來可能有點抽象，我舉個例子：假設國文考試的題目列了一段蘇東坡的詞，問學生以下何者代表蘇東坡當時的意境？題目有A、B、C、D四個選項，標準答案可能是A，但我選了B，這時候我就問我媽媽：「國文老師又不是蘇東坡，怎麼知道蘇東坡當時是什麼意境？我選答案B有什麼不對？」媽媽一開始還會很熱心、耐心地和我解釋為什麼要選A，但是其實她也說不出選B有什麼不對。所以到最後媽媽直接跟我說：「為了取得好的成績，你就背起來，答案是A就對了。」原本我對國文的興趣，馬上就被媽媽的指示給扼殺了，探索的小小火苗也被澆熄了，這也是導致我未來人生走比較叛逆的道路的原因之一。相對的例子，在西方社會來說，不會特別跟小孩說B是不對的，西方社會甚至崇尚申論題，讓小孩有機會回答為什麼要選B這個答案，而不是叫你把答案背下來，之後也沒有任何機會說明為什麼選擇與老師答案不同，進而引用其他具體事證說服老師為何你要選擇這答案。

相較之下，東方文化對於生活的探索風氣是較薄弱的，而在西方父母看來，則是希望小孩多多動腦筋而不給予正確答案，鼓勵、培養小孩對於生命、興趣、職業生涯等各面向的探索。他們很常用的方式是提出一個沒有標準答案的問題，讓小孩能夠進行激盪，藉此訓練小朋友靠自己能力去尋找答案，而答案並沒有一定的標準。這跟我常常在法律上遇到的狀況一樣。大家常常問：「遇到這樣的情形，法官這樣判到底標準何在？」其實法院的判決常常沒有絕對的是非對錯，而是法官心裡自有一套標準，最後歸屬於價值判斷的範疇。所以在西方教育裡，他們會願意讓小孩不斷地嘗試，我們叫try wrong，指的是試著做錯的事情，讓小孩在嘗試的過程裡，從失敗中學習如何成長、如何尋找更好的答案。

而在東方文化裡，父母就像是指揮官，他知道正確的答案是什麼，這正確答案是他自己心理的正確答案，不是整個社會或是自然界、真理裡應該存在的正確答案。所以我們常說「有一種冷叫做爸媽覺得你冷」，爸媽只要說冷你就是應該要冷，用這樣的方式，以命令或威脅的方式來教導小孩處理事情。例如遇到問題時，父親要求我把信寄給誰就好，我一直想不通，為什麼一定要寄信？為什麼不能打電話、傳簡訊，或是用line？為什麼我一定要寄信？當然寄信的原因有很多，可能是證據保存的問題，可能裡面是存證信函……但是在東方的文化下，通常會遇到的狀況是「叫你寄就對了！你問那麼多幹嘛？」扼殺原本小孩探索的情形。這種專制的威權教育體制下，東方小孩的心態上總是會存有不能反抗父母的價值觀。

某個程度來說，長期在父母規範中長大的小孩，最後會逐漸失去自主性，對父母的依賴會越來越重，因為父母永遠都幫他們做決定，這部分慢慢會變成在東方社會下小孩的通病。舉個例子來說，我從小就反骨、獨立，有一次去參加夏令營，出發前在家打包行李的過程中，我記得媽媽從頭到尾都沒理我，我自己整理了一個行李箱，裡面放我自己覺得在夏令營期間應該帶的東西，媽媽也完全都沒有理我打包了什麼，我就自己去參加夏令營了。那時候我還國小而已，但是後來媽媽和同事們聊到「參加夏令營你怎麼幫你兒子打包？」我媽媽才突然領悟到她從來沒有幫我打包過，到底我都怎麼打包的？但是一般的家庭，媽媽為了擔心兒子沒帶東、沒帶西，是否帶了不恰當的物品，都會幫忙小孩打包。這就是東西方文化看待探索的差異。

在學習的過程中，有一個很重要的觀念叫「獎勵」。東方文化之下的父母都獎勵小孩做出「正確」行為，但正確行為指涉的是媽媽、爸爸心裡的正確行為，換句話說，當小孩按照爸媽意志貫徹所謂爸媽心中正確行為時，就會得到獎勵。正確行為到最後都是以父母個人的道德標準做判斷，如果小孩不從，不管小孩做的行為恰當、不恰當，一定不會得到大人的獎勵。小朋友似乎是為了取悅大人、讓大人開心，而去做大人想做的行為。

但是在西方世界裡，父母的獎勵是鼓勵小孩自己探索、思考，不管你之後的結果是什麼，都不會影響父母的獎勵。不管這樣的決定結果是否符合父母期待，只要願意思考、回答，父母都會覺得孩子這樣非常棒！所以從結論上來看，小孩子的表現不是為了取悅父母，而是為了給予自己的肯定或是實現自我。

西方父母不會控制小孩達到自己設定的標準，他們比較重視小孩積極的層面，例如：他是否曾經努力？是否在過程中有努力、改善？並且避免引用令人沮喪的、負面的言詞來評論小孩的努力。西方父母非常鼓勵小孩提出意見，並尊重小孩的判斷，相信小孩是有自主性的個體，以至於最後小朋友自己的事情就由自己做決定，當然後果也由自己承擔。因此西方小孩從小就有個概念，這概念是「自己做，自己擔」，是一種責任感的使命。

在西方家庭裡，父母會覺得人生是小朋友自己的，爸媽只能用長者、智者的協助角色，幫助他們分辨、分析利弊得失，但最後的決定權還是孩子本身。所以不管最後決定是什麼，只要他願意分析、做決定，都會鼓勵小朋友這樣的行為。而且孩子在18歲之後就是獨立的個體，父母不會干涉他未來的走向，他必須為自己負責。

西方青少年往往比較不在意別人的觀感，對很多稀奇古怪的事情都能夠用正面的態度看待，想要的東西就會努力爭取，不管後果是什麼。即使常常會有思慮不周或不管後果的狀況，但想要的東西靠自己努力，在不斷的挫敗之中也練就面對、處理失敗的能力。西方世界的孩子也因為從小就多方嘗試，所以長大後經歷比東方小孩更多，也更能培養獨立思考、面對問題時判斷答案的能力。

對比之下，東方家庭會覺得小朋友是家庭的一分子，孩子的成就都直接算在父母身上。他們希望小孩有更符合期待的表現，會去逼迫他完成一些事情，這就是所謂的揠苗助長。東方社會裡強調要讓小孩贏在起跑點，明明小孩跑步比賽是小孩自己在比，父母卻想盡辦法要把小孩子的起跑點往前移。此外，東方年輕人往往很在意別人的眼光，包含整個家族和社會怎麼看他，也會把父母的期待納入人生未來規畫思考。在這種文化下常常會培養出所謂的媽寶或是過度依賴家庭的青少年，而他們長大之後也會持續依賴家裡的成員，甚至產生更多家庭問題，這部分也值得我們進一步觀察。

Part 7

擺脫親情情緒勒索

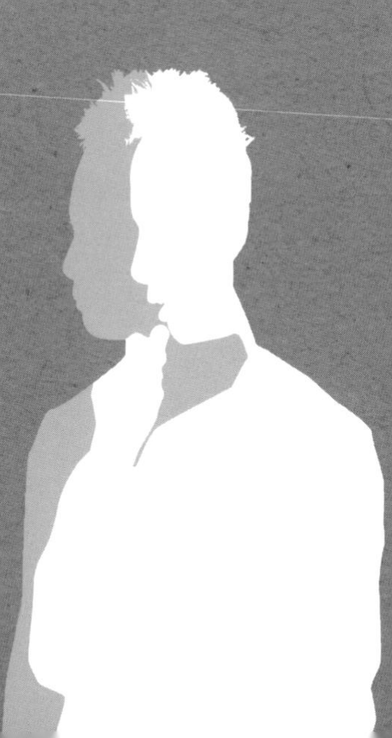

1 何謂情緒勒索？

情緒勒索是一個比較新的名詞，英文叫作emotional blackmail或FOG。FOG分別為F恐懼（fear）、O義務（obligation）、G罪惡感（guilt），情緒勒索其實就是由這三個詞互相交互作用而成。恐懼往往是來自於義務與罪惡感，因此人們會有被脅迫的、非自己義務的一些舉動。

情緒勒索是一種操控權力的方式，一個人企圖影響另外一個人的選擇或是決定，讓受害者覺得依照操控者所言行動才是對的。人與人之間每次的情緒勒索都是一種病態性的共同依賴，勒索者善於投射焦慮或剝奪他人的安全感，讓被勒索者認為「沒錯！我有義務滿足你」，進而讓勒索者成功獲得他們想要的結果。

舉例來說，大家常常會聽到家族成員有這類的對話，「我平常對你那麼好，你幫我做這點事情都不願意！」以情緒上的壓迫逼對方做他不願意做的事。我們偶爾也會聽到：「你不願意去考公務員真的很不孝！是要看到爸媽傷心嗎？」這是典型爸媽以孝順當做情緒勒索工具的例子，逼兒子做他不願意做或讓他不開心的事。情人之間也常有這樣的對話：「你為什麼不按照我想的去做，你不愛我了嗎？」以愛之名要脅，逼對方做他不想做的事情。親子之間情緒勒索的對話則像是：「要是你跟他結婚，我就跟你斷絕親子關係！」雖然這聽起來很嚴重，但其實在法律上，親子關係不是要斷就可以斷的。

在和同事、朋友、父母或情人相處時，常常都會聽到上述的對話內容。由於這些人就在我們的生活環境裡，或在成長過程裡扮演了重要角色，所以我們往往會成為被勒索者而不自覺。被勒索成功，去做自己不願意做的事情，卻渾然不覺，這是常常發生的情形。當事人往往承受極大的壓力或甚至有心理疾病之後，才發現原來自己長年都受到不同程度的勒索，最後形成缺乏安全感或是習慣自我懷疑的性格。情緒勒索表面上看來是逼你去做不想做的事，但在長時間的情緒勒索之下，原本一個正面積極的人，可能會產生自我懷疑和矛盾，甚至造成缺乏自信的人格。

情緒勒索和法律的關聯性是如何？情緒勒索的前提是因為勒索人與被勒索人之間有特殊的權力關係，像是親情關係、愛情關係和友情關係。而在法律上，行政法中有種關係稱作特別權力關係。

沒有人有權力逼我們去做不想做的事情，除了下列一些比較特別的狀況：①公務員，長官要公務員做什麼事，縱使他不想做，他也還是要做；②軍人，人都是怕死的，可是軍人的責任與義務是上戰場殺敵、保家衛民，所以軍人縱使不想上前線，發生戰爭時，也必須受指令上第一線殺敵、捍衛國家；③學生，學生上課都要穿制服，以前的年代甚至還有髮禁，規定頭髮不能染色，男生要剃平頭，女生的頭髮長度則要耳下三公分。剪頭髮維持相當的長度，根本不是法律上賦予我們履行的義務，為什麼我們要照著做？

所謂特別權力關係，是指國家基於特別的法律原因，對於該特定人民（例如公務員、軍人或學生）享有概括的支配權能，並使該特定人民立於服從的地位。特別權力關係的成立，通常是基於國家的強制，例如：接受義務教育或入監服刑，又或是服兵役。按照兵役法，入營服役是義務。但是依照大法官歷年來的解釋，包含釋字第187號、釋字第298號、釋字第430號、釋字第736號、釋字第784號等等，已經在各個領域漸漸揚棄上述的特別權力關係。

但在本書的親情案例裡，究竟有沒

有特別權力關係或是類似的概念呢？綜觀華人社會當中，情緒勒索通常是建構在孝順和服從的基礎上，讓父母與子女間形成上命下從的服從狀況。換句話說，父母的決定無從更改也無從救濟。舉例來說，爸爸要求我寫完功課才能打電動，但我如果沒寫完功課也沒辦法跟法院或任何人提起救濟，即使我應該有權利可以先打電動，不需要等到功課寫完。所以在這樣的觀念裡，無形之間，親情關係就有上命下從，無法更改或救濟的權力關係存在，這點類似行政法裡的特別權力關係。剛剛也有提到，大法官近年來的解釋已經慢慢揚棄這樣的特別權力關係，不管當事人是軍人、公務員、學生，只要權利受到損害，都有機會和管道可以提出申訴、異議或救濟。

而在父母與子女間是不是也有類似的狀況？孝順是不是代表無條件服從？隨著時代演進，我們能否塑造新的親子關係，讓親情之間不再出現情緒勒索？根據《刑法》第304條強制罪的規定：「以強暴、脅迫，使人行無義務之事，或妨害人行使權利者，處三年以下有期徒刑、拘役或九千元以下罰金。」而《刑法》與情緒勒索之間的連結，我們常常會遇到一個狀況：以傷害自己做為威脅，算不算是《刑法》第304條強制罪裡所稱的脅迫？

情緒勒索案例——以傷害自己之名，行勒索之實

有一對夫妻已經離婚，但離婚之後前夫「剪不斷，理還亂」，仍持續糾纏前妻。前夫傳這樣的簡訊給前妻：「一刀還你，我們恩怨就到這邊。」一刀還你的意思是以砍自己一刀做為威脅，要求對方扶養費不要催那麼緊。太太本來按照約定，有權利與前夫要扶養費，但前夫以自殘當作手段，逼前妻別再向他要錢。

前妻覺得這根本是恐嚇、脅迫，因此以《刑法》第304條對前夫提告強制罪。而檢察官在受理案件後，認為前夫沒有具體指明要用什麼樣的手段加害前妻身體自由，即使他是用情緒勒索的方式來表達他沒辦法接受前妻的回應，造成前妻心生不悅和恐懼，但客觀上仍不構成以惡害通知的方式脅迫他人，因此予以不起訴處分。

另外一個案例是七夕時夫妻共同出遊，但是因為行程較緊湊，所以先生沒有停下來買

太太原先說想喝的珍珠奶茶。太太很生氣，認爲老公不體貼，回家後就把自己關在廁所裡，甚至以死相逼。先生其實也很無奈，珍奶這次沒買，下次補買就好，但這最後已經是情緒上的問題，而不是喝幾杯珍奶或喝什麼口味的問題。

關於案例，律師這樣說

強制罪的條文性質上是一種開放性的構成要件，必須正面審查違法性。換句話說，要來判斷行為的手段與目的間是否具備「非難性」。太太把自己關在廁所裡以死相逼，逼先生拿出具體行動證明能夠愛她，這樣的行為雖然可能是客觀上強制的行為，但按照社會上一般倫理價值來看，這種情況其實沒有用刑法處罰的必要。所以這個案子太太雖然以死相逼，但是太太的行為不具違法性，不會構成《刑法》第304條強制罪的情形。

在實務上的見解，我們會遇到一些環保團體的抗爭。例如施工單位為了開闢一條道路，而要移除一棵老樹，這時可能就有護樹團體為了搶救老樹，想要阻止開設道路的工程單位施工或是把樹砍掉、移走。我們常常在社會新聞上看到這樣的畫面，志工非常勇敢，以自己的身體相逼，靠近挖土機或堆土機，逼迫施工單位不能施工。這種狀況以《刑法》第304條來看，會不會也是所謂的脅迫行為？針對《刑法》第304條的強制罪，實務上的見解其實有許多分歧，但比較主流的見解認為這必須以傷害別人來當做判斷基礎。簡單來說，如果我以傷害自己逼迫別人去行使非他義務該履行的事項，這可能會被視作不是強制罪要規範的範圍，但若是傷害別人的情況，就會落入強制罪的範疇。

在上述的情緒勒索案例裡，常常有人以傷害自己或傷害別人來逼迫被勒索者去做他不甘願的事情，但如果要歸咎到刑事責任，以傷害自己來逼迫別人，實務見解認為比較不會構成所謂強制罪，但若是傷害別人的話，就得小心是否會構成刑事責任。此外，親情關係當中常常會伴隨著家庭暴力。

家庭暴力可以分幾個狀況，一個包含精神上的不法侵害，一個是物理上的不法侵害。物理上的不法侵害基本上就是揮、打、揍等有物理上的接觸行為。根據《家庭暴力防治法》，所謂「家庭暴力」是指家庭成員間實施身體、精神或經濟上的騷擾、控制、脅迫或其他不法侵害之行為。因此，家庭暴力的定義不是只有限定在物理或肢體上的接觸，精神上的騷擾、脅迫的行為，通通都會算在家庭暴力的範圍裡。

所以《家庭暴力防治法》已經有明確的規定，精神上不法的侵害亦在規範範圍內，以謾罵、吼叫、侮辱、諷刺、恫嚇、威脅的言辭或語調脅迫恐嚇被害人之言語虐待，以及竊聽、跟蹤、監視、冷漠、鄙視或其他引起人精神痛苦的精神虐待，甚至是性虐待等行為，都算是《家庭暴力防治法》裡的家庭暴力。

換句話說，如果某個行為足以引發行為對象的心理痛苦和畏懼情緒，就屬於精神上不法侵害的行為。家庭暴力的行為常常會有長期性、習慣性、隱密性、連續性等等的特徵，因為家庭成員的互動關係本來就是比較密切和親近，相較於同事或朋友更為深刻。所以在判斷某個行為是否構成精神上的不法侵害時，除了要參考社會上一般的客觀標準外，也要把被害人的一些主觀想法，包含是否因為加害人行為產生恐懼、痛苦或不安納入考量。

舉例來說，朋友之間常常會開玩笑說「你去死」、「我不想跟你講話」等等，這種同儕或同事之間戲謔性的玩笑，幾乎每天都在上演。但若是在青少年時期或是童年時期，同樣的說法和語調出自父母之口，對子女而言絕對是心理上很大的負擔。即使這些語句按照一般的社會常情或客觀標準不會造成痛苦或恐懼不安，但仍然必須以受話方的立場來做判斷。

此外，《家庭暴力防治法》也將騷擾列作禁止的範圍，騷擾包含任何打擾、警告、嘲弄、怒罵他人的言論、動作，或製造使人畏懼的行為，使他人因此產生不快、不安的感受。這和精神上不法侵害的行為導致於他人產生心理上的恐懼，在程度上是有所區分的。以通俗的說法來看，如果案例中的家庭言語暴力當事人聽完後會害怕，那就是家庭暴力的範疇；如果聽完之後是不爽，沒有害怕的情緒，或單純不安，這只算是單純的騷擾。

以桃園地方法院一〇八年度婚字第174號的民事判決為例，案例中的妻子生性猜疑，且凡事以自我為中心，和丈夫爭吵時，都是以小孩做為情緒勒索的工具。妻子懷疑丈夫在外面有不正當男女關係，所以用不堪的言論汙衊丈夫的人格，且瘋狂地、毫無理由地擾亂丈夫的日常生活作息。妻子會以「如果你都不回應我，那我乾脆帶著小孩去死算了！」等方式作為情緒勒索的手段。丈夫不堪其擾，最後受不了去聲請保護令，合併請求離婚。法院也認定聲請保護令是有理由的，因為情緒勒索也會是《家庭暴力防治法》裡的範疇。因此法院判決夫妻離婚，離婚後還給丈夫一個心靈上安全的處所。

還有個案例是先生長期毫無理由地懷疑太太的忠誠度，認為太太在外面「討客兄」，讓他戴綠帽。但他沒有任何證據，只是不斷地猜忌、懷疑，且經常對太太用羞辱式的謾罵、騷擾，甚至還有肢體上的暴力，三不五時抓太太的頭去撞牆。太太的個性比較小女人、以家為天，所以一路忍

耐，但壓抑到最後受不了，引發心理上的疾病。太太身心受創、承受很多精神壓力，後來鼓起勇氣聲請保護令。法官檢視相關夫妻相處過程之後，核准保護令。但由於太太希望家庭不要分開，所以這案子後來沒有提起離婚訴訟，婚姻關係依然存續。

我們有親情的傳統美德，像是孝順中有關上對下、長幼之間的服從關係，所以情緒勒索常常會隱藏在這些關係裡，晚輩或是在感情間較弱勢的這方，往往會有被勒索的狀況。但這個章節提到很多法律上保護被勒索人的法源依據或求救的方法，希望可以呼籲大家：**如果在親情關係裡受到勒索，一定要挺身而出，保障自己權利。**這也能讓勒索別人的那方知道，這種行為是不對的、無效的，避免更多憾事發生。

2. 自我檢測——有無情緒勒索被虐體質

如何自我檢測有沒有情緒勒索的被虐體質？以下分作七個類型，這些類型特質的人，我們認為通常是具有潛在的被情緒勒索、被虐體質的「潛力股」。

【七大被虐體質】

①想當好人（不想得罪他人）

第一個類型是一直想當好人。這在社會當中很常見，一般人都不會想要得罪其他人，包含自己生活圈裡的父母、長輩甚至是晚輩，有些族群連陌生人也不想得罪。但是有些人覺得這些特定族群不想得罪別人甚至想去討好別人，就利用這樣的特性「吃人夠夠」。例如四個人點餐吃合菜，最後結帳通常會有一個人先出，好人常常就是會被人凹要出錢的人。明明買單是兩千塊，四個人吃，一個人是五百塊，但有可能會被人家凹說「先去買單吧！就由你買吧！」或是眾人也起哄「謝謝大哥請客」等等。買單的人也不想得罪其他三個人，覺得大家都已經謝謝我買單，就不要讓人失望了（他可能也認為自己有錢沒差）。

但無論如何，這在別人觀感來看就是情緒勒索對這個人是有用的。今天當事人如果態度強硬一些，提出這兩千塊餐費應該要均攤時，其他人可能就會閒言閒語，「你連這都不願意請？賺那麼多連這個都要計較？」或是「你這個人怎麼那麼會算計」，以情緒勒索的言論達成目的。當你一直想要當好人時，就無法掌握自己的分寸，可能會變成一個濫好人。所謂一個願打一個願挨，這是情緒勒索的案例之中很重要的特質。

②習慣自我懷疑

第二個類型則是會習慣自我懷疑，換句話說就是對自己很沒自信，只要一發生糾紛或一遇到問題，他第一個想到的是「是不是我哪裡做錯？」「是不是我哪裡不夠好？」「是不是我的問題？」舉例來說，我們常常會利用通訊軟體進行溝通，但是這種溝通狀況並不像電話一樣直接，打去馬上會有對話，問完一個問題馬上會有一個答案。通訊軟體就是你傳了訊息，等對方有時間或看到後才會回應。我們之前遇到一個案例：有個性子比較急的人傳訊息給女生朋友，這個女生朋友大概是隔了很久才回應，因為她比較忙，沒辦法第一時間回簡訊給傳訊息的朋友。可是這人很急，女生朋友沒有回覆，他就一直傳、一直傳：「妳怎麼那麼沒禮貌？」「妳為什麼都不重視我的訊息？」「妳為什麼都沒有回、不已讀？」不讀則已，但不小心點開訊息，還沒機會回，更是讓這個傳訊息的朋友惱怒：「妳為什麼已讀不回？」「妳是不是都不在乎我？」「妳怎麼做朋友是這樣子？這樣我不再跟妳做朋友。」諸如此類，充滿負面情緒的言語內容一一出現。

有些人接著會習慣性地自我懷疑，第一件事是想：一定是我哪裡做不對、一定是我哪裡讓他不開心，所以對方才會生氣。但是在這社會上不是自己做到一百分就可以贏取每一個人的歡心或討喜，每個人的立場、想法、生活背景不同，都會有不同的待人處事想法。所以如果像剛剛提到的女性朋友，在別人不斷砲火狂轟、質疑她時，馬上出現自我懷疑的狀況，這也是高度情緒勒索的潛在受虐者。

③過度在乎別人的感受

第三個類型就是過度在乎別人的感受。舉例來說，大家都有被借錢的經驗，借錢的人都會有很多花招和藉口，有被倒債經驗的人通常都不會去管這藉口，但有些人很在乎別人的想法與感受。像是借錢的人會有這類的說詞：「我平常過得很苦，而且外面還有欠地下錢莊錢，到時會有黑道來追殺我、潑我漆，帶給家人不當的壓力，如果沒有借到錢真的會很想去自殺、不想活了。」以這種說法逼你同情他，進而達到借錢的目的。

以我個人來說，當對方說他的感受很苦或被追殺而壓力很大，我的借錢原則是「借急不借貧」。如果借一個沒有還款能力，甚至擬不出還款計畫的人，基本上錢就是送他而不是借他，因為他絕對不會還錢。在借急不借貧的原則下，借錢與否再也不是根據別人的感受，而是對方到底有沒有償債能力，或是我能否接受錢借了之後就再也拿不回來。

④希望得到別人的肯定

第四種人格特質則是希望得到別人的肯定，這種情形在學校常常發生。假設一群同學裡有人嗆聲，要我去欺負一個弱小的同學，即使我覺得霸凌、欺負弱小不是一件好事，可能拒絕或不加入別人欺負弱小的行列，但是同儕間就是會有人發出一種聲音：「你就是沒種！」「膽小鬼！」「你一定辦不到！」「你不敢做！」這種情緒上的變相勒索是要人們做自覺不對的事情，而去爭取別人的肯定。有些人非常看重別人的肯定，這樣的人格特質也是潛在的情緒勒索的受虐對象。

⑤過度孝順

至於第五種人格是過度孝順，孝順在前面章節中有提及很多類型。談小孩對長輩的孝順，其中一個很經典的例子就是《二十四孝》裡的〈臥冰求鯉〉。因為母親生病，只想吃鯉魚，其他東西都不想吃，所以小孩脫光衣服躺在冰上，想要用體溫把冰溶化，好抓到鯉魚煮湯給媽媽喝。但在現實生活裡，媽媽除了鯉魚之外，為什麼其他東西都不能吃，這實在讓人無法理解。就算只吃魚類，也有很多種選擇，為什麼非鯉魚不可？為什麼一定要是活的不可？但是媽媽就是以自己只能吃鯉魚、如果沒吃鯉魚就什麼東西都不吃的主張，勒索子女做很不理智的事情，某個程度也是濫用孝子過度孝順的特質。另外一種狀況是下對上，也就是小孩勒索父母親，標準講法就是會哭鬧的小孩有糖吃。小孩嘶吼、吵鬧或哭得很慘，可能只是要買某個玩具或達到某個目的，或是拒絕父母的管教，像是「你不答應我我就不吃飯！你不買玩具給我我就不寫功課！」

⑥過度遵從權威

第六個類型是過度遵從權威，常常發生在大家族裡。大家族的長輩為了逼晚輩順從自己，就會拿出列祖列宗、祖先牌位，壓迫子孫做自己不想做的事情。例如在子孫嫁娶時，長輩可能會有些商業上或是政治上的考量，要求晚輩娶╱嫁一個自己根本就不喜歡或不適合的人。如果晚輩不從，長輩可能就會拿出列祖列宗當做壓迫。

⑦自以為是的愧疚感

至於最後一個類型，我則將它稱作自以為是的愧疚感。一個人之所以能夠就範、被情緒勒索成功，是因為他自己常常會腦補很多的理由，其中常見的就是被勒索者認為他對於勒索的人有愧疚感。舉例來說，母親生了兩個小孩，媽媽對弟弟特別好，不管弟弟在外面欠錢或是物質上有任何要求，媽媽都想盡辦法做到。而哥哥的生活條件較好，所以也都不太跟媽媽主張或和弟弟計較。但是哥哥發現弟弟有很多不合理的要求，例如：弟弟不願意找一個正常的工作，整天遊手好閒、無所事事，當有物質需要就伸手與媽媽要錢。媽媽最後願意給錢的原因竟然是因為弟弟從小身體不好、沒有家庭的陪伴，或是她認為對弟弟沒有花很多時間照料或養育等等的狀況。媽媽不斷腦補，對弟弟的無理要求都會竭盡所能地滿足，其實這就是一種情緒勒索的被虐體質展現。他有被虐待的高度潛力，為了要去找合理的被虐待藉口，無形之間自己腦補很多愧疚感，來當作被虐待的合理化、正常化的藉口。

關於案例，律師這樣說

大家可以好好思索一下，自己有沒有上述七點潛在人格特質？被勒索者在生活中，通常是比較喜歡退讓的一方，就像是兩隻羊在獨木橋上要過橋，有一方會進，自然有一方會退。被虐體質的被勒索者通常是一直退的這方，他不會進，而且還會這麼想：「如果你不同意我，那一定是我做錯了什麼，或是我哪裡不好。」同時也會認為都是因為自己才使勒索者必須承受這些痛苦，或是大家都是說自己不對，或許自己真的反應過度了，甚至會有「只要我抱持平靜態度，就不會惹你生氣了！」的想法。大家可以思考看看，發生爭執或是相處上遇到狀況時，你會不會有這些想法？你周遭朋友會不會有這樣的態度？我們認為有這些想法的人特別容易被情緒勒索所得逞，因為勒索者對於這些人只要多施加一些情緒、多給予一些壓力，就可以達到勒索他人的目的。

情緒勒索是一種關係狀態的展現，當中有所謂相互依存的課題，而既然是關係就不會是一個人，一定是一個網絡或是兩個人以上的事情。但又究竟是什麼讓關係中有勒索者與被勒索者？何種狀況會讓我們成為被勒索的人？一定是這段關係當中提供了某些東西讓你覺得你願意被勒索。

換句話說，情緒勒索就像是一個巴掌拍不響，一定是要一個願打、一個願挨。如果只有一個人在打，沒有人願意被打，那情緒勒索這樣的狀況也不會成功。舉例來說，我有個朋友的故事是這樣的：有一對姊妹感情很好，但是個性大不相同，姊姊彷彿總是承受著來自家庭的壓力，而妹妹則是較自在、活在自己的世界裡。長大後有一天，姊妹之間聊天，姊姊問妹妹：「我從小就一直覺得我們家裡好窮，因為媽媽整天都在哭窮，要買什麼都不讓我們買。省這個、省那個，感覺起來我們的生活條件非常艱困，你的感覺呢？」想不到妹妹竟然回應：「妳看不懂嗎？媽媽就在演戲，她就是用哭窮來拒絕我們的請求。」由於姊姊從小就被媽媽窮困的情緒所困住，父母也一直告誡姊姊：「妳是長女，長女有長女的責任」，因此姊姊為了父母省吃儉用、住非常破爛的宿舍，都是幫家裡省錢。她也把零用金全部都存下來留作家庭的開銷，非常配合媽媽窮困的情緒。

而妹妹就不一樣了，妹妹沒有被媽媽窮困情緒困住，自己住好的、買想買的東西，家裡的零用錢如果不夠就去打工。獨立自主，但是不受媽媽營造出來的窮困景象所困擾。為什麼媽媽一樣營造相同的窮困景象，結果姊姊被媽媽的情緒勒索，而妹妹不會被勒索？這之中有個很大的差別，就是姊妹過往的經歷不同。姊姊也許是因為妹妹的出生，讓她感受到自己不再是家中唯一受寵孩子的危機，而父母更在兩個姊妹的成長過程當中不斷地告誡姊姊要讓妹妹、長女要更懂事，使她無法感受到自我價值，到最後仰賴父母的一言一行，來得到自我實現或認同。反觀妹妹從小就受父母寵愛，擁有自我價值，比較不容易被家人其他行為所牽制，相對能夠為自己做決定、不輕易被他人的話所影響。情緒勒索算是一種共構的狀態，共構就是有一個被勒索的人與一個勒索別人的人，兩個構成這樣的情緒勒索體系，缺一不可。

有個朋友分享過他自己的故事。他在畢業應屆考司法官考試那年，考了兩個考試，一個是律師高考，一個是司法官特考。考試結果放榜，那年他考上律師卻沒考上司法官。在一般觀念裡，因為律師錄取人數較多、司法官較少，所以大家都覺得司法官較難考，地位較高又是當官，這部分使老一輩多認為這職位比律師更高等或是社會地位更高，所以老一輩都會很希望自己小孩考上司法官優先於考上律師。在這個案子裡，男主角父母親問他：「你要不要重考一年司法官？你沒考上我們就再重考一年。」但是兒子不願意，回絕了決議。他認為司法官沒考上也無所謂，因為他對司法官沒有很高的興趣或憧憬，從事律師工作也不錯，所以他不願意回去多花一年重考司法官考試。想不到父母真的很希望他當司法官，便開始以一連串的「我養你這麼大，你怎麼都不聽我的話？我是為你好！你不聽父母的話以後一定後悔！」等等言語來做情緒勒索。

當事人在爸媽情緒勒索轟炸之下，覺得受不了，便找弟弟討論，想不到弟弟居然說：「天下沒有不是的父母，畢竟他們是你的爸媽，一定是為你好！要好好聽他的。」當事人本來要找弟弟討拍，結果弟弟竟然是情緒勒索的共犯結構之一。儘管他沒有情緒勒索的體質，也很清楚自己要什麼（當律師），了解自己的價值是什麼，弟弟卻很依賴父母的評價。在這個案例中，父母對哥哥的情緒勒索沒有成功，但弟弟顯然是具有高度潛力存在被情緒勒索虐待的體質。

情緒勒索是一種關係的共構，要有一個虐待者與一個被虐者，才能架構起關係，所以愈是自我否定或是自我感覺定位不清晰的人，愈容易受到其他人影響。究竟在這麼痛苦的糾結關係裡，為什麼被虐者還願意一直被影響？這當中的關係、利益或是酬賞又是什麼？所謂酬賞就是你乖乖照我的話做，我就給你獎賞，這是所謂情緒勒索者慣用的伎倆。

以下分析幾種共構與酬賞機制：第一個是孩童時期的照顧者，照顧你的人就是你的全世界，當孩子被全世界所需要時，就會感受到歸屬與連結。因此，愈是被否定的孩子愈需要黏人，從別人身上獲得肯定或認同。孩子需要被需要的感覺，這是理所當然的事情，但當小朋友被需要的感覺是透過情緒勒索般的強烈情緒餵養時，就會非常危險。因為這時候情緒勒索的存在反而是一種深刻「愛與歸屬」的感覺，如果失去這一層連結，他可能就會有一種失根的感覺。換句話說，孩子在這樣的成長狀況下，渴望有人可以情緒勒索他，因為被勒索時就證明自己有一種被愛與歸屬的感覺存在，這就是很典型的情緒勒索被虐待者。

第二個是拼接式的自我，這意思是在成長的過程中，我們認識自己的方式是片段地拼接起來，再從別人的眼裡建構自我。如果你經常會把「我媽媽說我……」掛在嘴邊，那代表你內在的母親的組成成分很高，容易缺乏自我價值與自我意識而順著父母的思路走，享受被別人決定人生的輕鬆感，而無須長出自我的意志為自己的人生負責，反正好壞也都是父母決定。

所以這是一個簡單的判斷機制。如果你常常會提到別人說我如何，其實某個程度你很在意別人怎麼認定你。別人怎麼認定你這塊就會連結到可能會有過度在乎別人感受，或是希望得到別人肯定的潛在情緒勒索被虐體質的情況存在。以上七點我們歸納出有可能的情緒勒索被虐體質的檢測指標供大家參考。

3 如何擺脫親情情緒勒索

談到擺脫情緒勒索的訣竅，可分為四個重點。

①內部探求

「內部探求」也就是自己先做內部分析。舉例來說，雖然常常都能聽到「退一步海闊天空」、「吾日三省吾身」的說法，我們自己遇到狀況時都以退讓或反省當作美德，但即使是要退讓也要退得有道理，縱使反省也要有原則和限度，而非遇到任何狀況都認為自己不對。若我們確實沒有做錯事，卻還是秉持不斷反省自己的原則，就沒辦法找到真正要解決的原因為何，因而無法好好解決糾紛。

在破解持續不斷的情緒勒索時，被勒索的人（被害者）首先必須停下來，冷靜地看看眼前發生什麼狀況，用清楚的理智釐清到底欠了誰什麼，或是做錯什麼、應該退讓什麼。必須要很清楚地建立一個想法，主觀上要認知到自己其實不欠任何人什麼東西。一旦我們能夠建立起這樣主觀的意識，以這想法為基準點出發，研究到底為什麼會有這些想要退讓的主張，從此之後就能夠掙脫情緒勒索的惡性循環。內部探求的步驟非常重要，當我們能夠重新檢視、重視自己的價值、了解自己價值之所在，才可能在情緒勒索中找到活路、救贖自己。

多年前曾發生一個案例，有個高中讀前三志願的女生，學測只考了70級分，其實對她來說考得沒有很好。為了要考上醫科，她決定要重考一年，但後來卻在隔年考學測前的幾個月，從補習班大樓跳樓自殺身亡。當時的報導中只有提到死者因為重考壓力過大，選擇結束自己生命，其實背後還有另一個故事。這個學生雖然在第一次考學測時只有考70級分，但她覺得70級分已經足以讓她讀想去的科系了，根本不想重考，但是她父母長久以來都希望她讀醫學系，因此在學測後就以各種情緒勒索要求女兒重考，例如和女兒說：「我省吃儉用供妳吃穿，妳竟然這樣對待我，怎麼會考這個分數？怎麼能給自己一個交代？」或是「我再活也沒幾年，為什麼要這樣忤逆我？照我的講法好好選擇重考，考上醫科」之類的話。最後女孩無法擺脫這樣的情緒勒索，只好聽從父母的話準備重考。但重考過程中，一來重考不是她選擇的，二來情緒上的壓力很大，不斷被否定自己的價值，無法逃脫這樣的循環。最後情緒崩潰，而選擇這樣的不歸路。一個年輕的生命就因深陷在情緒勒索的循環裡而選擇自殺，讓人非常惋惜。

還有另外一個案例是有個男生取得碩士學位後求職不順，後來跳樓身亡，但原因不明。檢察官驗屍時，在他口袋裡發現一張紙條，紙條裡似乎是遺書，上面寫著：「今生不再相見，來生不要在家裡再見，給你們兩位自私的王八蛋。」後來檢察官推敲文字上的意思，那其實是寫給父母最後的遺言。信件內容非常沉重，彷彿是恩怨很深的仇家，想不到世仇竟然是親生父母。

父母看到小孩這樣子的遺言非常難過，我們也可以從遺言上間接了解並感受到小孩對父母的恨意很深。事實上這名男子並非真的找不到工作，碩士學位的光環要找工作其實沒那麼難，但為什麼說是因為找不到工作而跳樓？那是因為找不到父母眼中喜歡的工作，而不是找不到工作。父母兩人一個有碩士學歷、一個有博士學歷，是所謂高學歷父母。他們認為培養小孩那麼久，從小學、中學、高中、大學到研究所，一路念下來，應該要做一般人認為高階的工作。然而不是每個人都適合這樣的工作，也不是每個學歷就應該對應某種階級的工作。案例中的當事人找到的工作都沒辦法讓父母喜歡，父母甚至會以「我養你養這麼大，不是讓你做這種工作」等等偏激的情緒言論勒索孩子，以致於他一直陷入情緒勒索的漩渦裡無法自拔，最後導致悲劇發生。

②外部溝通

如果行為人有意識到自己已經被情緒勒索或可能正在被情緒勒索，首先我們建議要把控制權拿回來，包含對話、事實上和生活上的控制權，而不是勒索者一有勒索言論或是動作就主動投降，讓自己陷於不利地位。比如說在談及嫁娶時，父母可能會說「如果你跟某某某結婚，我就跟你斷絕關係！」這時候我們可以思考，斷絕關係不是自己講的，有種斷絕關係是父母自己認為斷絕，但是法律上是沒有所謂斷絕關係的情況，這是很標準的情緒勒索。

我們可以和父母以不同方式對話，例如可以用這個論點說服父母，「斷絕關係以後我擔心你這樣會受傷，這樣我會難過」，找出雙方關係的另一個出口。但這是比較平順的講法，主動討價還價這塊也有另外一個講法是：爸媽既然跟你嗆聲「跟誰結婚就斷絕關係」，某個程度也可以讓爸媽了解「你就來斷絕關係吧！」要爸媽講清楚斷絕關係的方式是如何等等。這可能算是較偏激的外部溝通，但有時候社會的現實就是如此，對溫柔的人可以用溫柔的方式，對偏激的人就是要用偏激的方式。當父母真的很偏激的時候，你就偏激回應，這是比較年輕一輩的想法。當然，這有點違背前面講的孝道，但我們在深陷情緒勒索的前提之下，父母不當利用孝順、孝道，逼迫我們達到他想要的目的時，這時建議先把孝順擺在一邊。孝順放在心裡，但講出口的內容是真心要跟父母溝通，讓他們理解「這種被情緒勒索的感覺你不喜歡、我也不喜歡，所以你不要把你的不喜歡建立在我的不喜歡上」。

③距離美

親情的情緒勒索會發生，通常是在父母與子女關係非常緊密且長年一起生活的狀況下。所以如果能夠提出分開生活，在客觀上製造出距離感，例如平日和父母分開生活，假日再回去看父母，也許短暫分別會讓緊張的關係獲得較好的緩和機會。舉一個我個人的例子來說。我高中時住在家裡，因為媽媽求好心切，常常希望我當一個她心目中的好學生，但是我對這些要求完全沒有感覺，甚至有很強烈的抗拒感，所以不管生活和學業，都和父母有很多嚴重摩擦。高中時，為了製造距離感，我巧立名目，用各種理由，能不回家就不回家、能晚回家就晚回家。媽媽睡覺的時候我才回家，媽媽起床的時候我還在睡覺，媽媽出門的時候我剛好也起床要出門。跟媽媽相處的時間少了，摩擦自然就會變少。

但事情沒有那麼簡單，跟媽媽相處不是只有禮拜一到禮拜五，還有禮拜六與禮拜天，週末二十四小時全天要跟媽媽相處。當然有些人會安排其他活動，但是有一種活動是「媽媽幫你安排好的活動」，所以還是得跟媽媽一起互動。久而久之，雖然我想盡辦法要產生距離美，但是距離還是緊緊地把我跟媽媽的人生綁在一起。

直到大學聯考，我抵死都不讓媽媽看我填的志願，因為我填的志願沒有一個是在台中市，能填多遠就多遠。我先把台北的志願填完一輪，再往偏遠地方填。填到最後，媽媽覺得很奇怪，為什麼當初也沒講好要念法律系，最後會跑到北部去念法律系？其實就是我為了要製造距離美，用心良苦選填志願。話說回來，在我高中畢業搬離原本的居住地，到了台北生活之後，跟媽媽的感情反而變好了。雖然媽媽一樣是情緒勒索，會東唸西唸，可是她不在身邊，除了唸之外，其實也只是想知道「你過得好不好？」我後來轉念一想，把她原本要唸我的瑣碎事情，變成關心我過得如何。逢年過節，我一年大概回去三次，農曆年一次、中秋一次，另外可能是零用錢花完了，再回去一次。在這樣的情況下，反而母子的感情變得比較好。所以在適當的時間裡，製造一些剛好的距離，其實會改變情緒勒索的狀況，甚至讓彼此的感情變得更融洽。

另外舉個例子。有部電影叫做《淑女鳥》（Lady Bird），電影裡描述母女間高度緊繃的關係。女兒是一位高中生，堅持離開從小到大生長的加州，到紐約念大學。在這短暫的分離裡，母親一開始非常吝於表達自己的愛，後來女兒發現一封被母親揉爛、始終沒有寄出的信，她看了以後很感動，打了通電話回家，拋下自己原本對媽媽的武裝，最後完成與母親的和解，母女間的感情變得更融洽。這也是用距離產生美感的方式。

④尋求專業人士的協助

前述三點都是以自我為原則處理情緒勒索。如果一個人一再被情緒勒索或是陷入情緒勒索的漩渦裡面，也不尋求外界專業人士的幫助，他遇到的困境其實是沒辦法得到紓解的。對於情緒勒索者的情緒還有被勒索者的情緒都是一種無法逃離的噩夢，最後可能會造成跳樓、自殺或撞人等等的悲劇發生。

我們前面舉了一個案子，日本的外交官擔心兒子會成為社會的敗類或不定時炸彈，所以先把兒子殺了（請參考**P.074**）。這名外交官的妻子其實罹患憂鬱症，他的女兒也在案發數年之前，因為哥哥造成的各種壓力而自殺身亡，兒子形同於把妹妹逼死。母親對於生出有亞斯伯格症的孩子覺得抱歉、對不起這個孩子，而父親抱怨求職失敗的兒子「你要是更有才能就好了」。兒子不斷受到情緒上的打擊，日積月累下終於潰堤。他和父母同住的隔天情緒崩潰，說出「人生到底算什麼」的話，甚至提出想攻擊幼童的言論，最終導致父親殺死兒子的人倫慘劇，成為某種日本家庭生活裡黑暗面的縮影。

這場悲劇也引起社會對於家庭精神暴力的關注。這種暴力通常隱晦且不為外人所知，當事人也鮮少尋求外界幫助。精神暴力有時來自雙方，同時來自情緒勒索者或被勒索人，必須及早讓外界介入幫助，所以不管在親情、感情或同儕關係裡遇到情緒勒索，都建議求助心理諮商師。法院的家事案件常會聘請心理諮商師投入協助，尤其是離婚的案子。人們會提離婚的原因有很多，但有一個常見的原因是溝通不良。有人被勒索，但是勒索的那個人竟然不知道他在勒索別人。聽起來很荒謬，但這在很多人的婚姻裡不斷發生。如果能夠透過心理諮商，讓勒索者知道原來自己有勒索的狀況，讓被勒索者知道原來他有出路可以逃脫現實，就有機會改善情緒勒索的情形，甚至避免不幸的結局。

如果情緒勒索的程度已經十分嚴重，達到長期性、習慣性和連續性的精神不法侵害，在法律上也是有救濟的管道。不一定要動手毆打別人才是傷害，在某個程度上，精神上所受到的傷害是遠遠比物理上受的更嚴重、更難以恢復，或後遺症是更大的。為了避免這樣的精神暴力，《家庭暴力防治法》第9條有聲請民事保護令的相關規定，家庭成員可以依照《家庭暴力防治法》實行細則的規定聲請通常保護令，或是狀況緊急時可以聲請暫時保護令或緊急保護令。保護令的聲請流程很簡單，只要提供相關事證，包含醫生的診斷紀錄，到警察局報案即可聲請，不需要寫書狀到法院遞狀等複雜程序。為了避免聲請程序繁瑣，導致人們沒辦法及時避免可能或已經出現的家庭暴力，警方受理緊急保護令時，會馬上做相關的防治措施。這不僅對於被害者的保護相當有及時性，也有公權力立刻介入的適當效果，避免家庭暴力的不幸再度上演。

Part 7

擺脫親情情緒勒索

Part 8

事前規劃 避免遺憾

1 遺囑

當人們對於一些事件的反應比較激烈，就會被形容是大驚小怪或是反應過度；但在COVID-19（新冠肺炎）的疫情肆虐之下，大驚小怪與反應過度的另一種講法則是「超前部署」。先前的章節提到許多親情生活的黑暗狀況，家族成員之間的關係往往因為這些狀況分崩離析，甚至親情破滅。我們都不願意面臨生離死別，即使心知肚明這些變化是人生無可避免的劇本，但要如何把這場戲演得漂亮？其實對於親情，我們也能用「超前部署」的概念去應對，為自己與家人的人生預先做相關規劃。

我們都了解死亡是不可避免的過程，只是死亡的時間點何時會到來，沒有人知道。有些人來得早，有些人來得很晚。但既然早晚都要面對死亡，如果能夠在這個時間之前就財產和法律關係超前部署，死後相關的爭議就能降到最低。以實務經驗來看，用應繼分來分配財產，也未必是最不會有爭議的方式。畢竟應繼分是較為死板的齊頭式平等，這種分配規則是否能達到實質平等，可能會有一些糾紛。

當被繼承人生前沒有特別規劃，遺產未來會是如何分配呢？一般而言，被繼承人身故之後，遺產大概會以兩個方式來做處理：一個是用「談」的，由繼承人之間來談出一個遺產分配協議方案。但這種做法比較麻煩之處是需要「大家」，也就是每一位繼承人都同意。在討論的過程之中，只要有一個人不同意就談不成。換句話說，只要有任何一位繼承人不願意簽署協議，最後只能走上法院待法官判決，走遺產分割訴訟一途。如果被繼承人事先定好遺囑，就可以避免後續可能要上法院兵戎相見的狀況。而在訂立遺囑時有兩件事要特別留意，一是被繼承人要有遺囑能力，二是立遺囑的方式得遵從法律規定。

《民法》規定20歲以上的人有完全行為能力，清楚自己在《民法》上該負何種責任。換句話說，若你年滿20歲，當然具有遺囑能力，而依照我國《民法》第1186條，年滿16歲的人就有遺囑能力了。但若一個人未滿16歲或是有智能障礙，法院認定是無行為能力者、沒有遺囑能力，縱使他今天訂了遺囑，這份遺囑仍然沒有效力。

此外，遺囑是《民法》的「要式行為」，在法律上要符合「特定的格式」或是製作過程要符合「特定的方式」，才能夠是有效的遺囑文書。法律規定有效的立遺囑方式，可以參考《民法》第1189條規定，分別有自書遺囑、公證遺囑、密封遺囑、代筆遺囑和口授遺囑。遺囑必須符合上述的規定，否則就是無效。

一、自書遺囑

根據《民法》第1190條規定，自書遺囑必須由當事人書寫遺囑的全文（不可打字或影印），並記明年、月、日，最後親筆簽名。遺囑訂立之後，如果有增減、修改、塗改，則是應該在增減、修改、塗改之處註記，而且就增減的字數也要註記，並另外簽名確認。在一份自書遺囑裡有幾個要件須特別注意，第一個是要由自己親自寫，第二個要加記年月日。為什麼要記明日期？舉例來說，我今天有感於兒子頂撞了我，相比之下女兒待我比較好，很有感觸地寫了一個標有日期的自書遺囑。但隨著時間經過，我因為和子女的關係變化而改變心意，覺得不應該給女兒那麼多。遇到這種狀況時，不必更改之前寫好的遺囑，我只需要重新再寫一份自書遺囑，把要分配給兒子女兒的財產寫清楚，還有寫上日期。這兩份遺囑之間即使有前後相互矛盾的狀況，法律上仍是以所能提出的最新那份遺囑作為依據，舊的遺囑自然失效。另外，自書遺囑的規範中並未提到證人，自書遺囑寫妥之後即具有法律效力。但也因為自書遺囑不需要證人，所以其真實性也往往易引發爭議，這部分後續會再詳述。

二、公證遺囑

根據《民法》第1191條規定，公證遺囑應該是指定兩個人以上的見證人，在公證人面前用口述的方式，述說遺囑的內容，並且由公證人筆記、宣讀和講解。經過遺囑人認可之後，記明年、月、日，並由公證人、見證人和遺囑人同行簽名。若遺囑人不能簽名，則要由公證人將他不能簽名的相關事由記明，並可用「指印」來代替。在沒有公證人的地方，公證人職務得由法院的書記官代為行使。若是旅居國外的華僑，並沒有居住於我國領土而想要做公證遺囑時，則是可以由我國的領事駐地（例如商業辦事處）來做遺囑，由領事取代為之上述的相關事務。

公證遺囑是由公證人所建，而且過程之中還有見證人。**因為有公證人的背書，所以證明力相對其他遺囑的內容來講比較高。**當後續財產分配有爭議時，繼承人若能提出公證遺囑，對法官來說擁有相當強的影響力，除非其他當事人能夠提出具體的反證。因此，若我們想要讓遺囑的爭議降到最低，可以考慮用公證遺囑的方式。

三、密封遺囑

根據《民法》第1192條中規定，被繼承人在密封遺囑上簽名之外，也要在密封處簽名。而且在簽名的過程當中，要指定兩個以上的見證人，向公證人提出自己做遺囑的過程。如果遺囑不是自己寫的，而是請他人代寫的內容，則是需要請繕寫人簽上自己的姓名、住所。最後要由公證人在封面註明遺囑提出的年、月、日，並且附上遺囑的製作人（膳述）與遺囑人、見證人的同行簽名。

密封遺囑符合遺囑祕密性的需求，畢竟遺囑一定是在生前訂定的，如果讓家族成員在繼承人生前就知道遺囑內容的話，可能會產生一些不必要的糾紛。密封遺囑需要兩個見證人，而且必須向公證人說明，只要涉及有公證人的訂立程序，可信度就會比較高。

四、代筆遺囑

台灣社會最常見的做法是代筆遺囑，因為一般人在立遺囑的時候，對於法律文字不熟悉，於是會想到找律師或代書來做代筆。根據《民法》第1194條規定，代筆遺囑是遺囑人要指定三個以上的見證人，由遺囑人口述遺囑人的意旨，使見證人其中一個筆記宣讀、講解，經過遺囑人的認可之後，記明年、月、日及代筆人的姓名，由見證人及遺囑人全體同行簽名。遺囑人不能簽名的時候，就用指印代替。然而，這種方式常常會發生爭議。有時候被繼承人話已經講不清楚了，但他意識是清楚的，希望把房子和土地留給子女。這種狀況下他要如何交代後事，或交代他死後財產的分配？實務上常會有一個狀況就是遺囑先寫好，接著再向被繼承人確認。例如眾人先在醫院裡寫好遺囑內容（比如房子和土地送給劉律師，其餘現金留給孩子均分等等），接著再向遺囑人確認，當事人可能會點頭或是用虛弱的聲音說好。但大家可能全部都處理完了之後才發現，遺囑人在過程中通通都說好，沒有提出任何意見，到底他的精神狀況有沒有說「不好」的能力？這可能就會有爭執。

代筆遺囑常常會發生爭執，最常見的爭執點就是遺囑的真正性。代筆遺囑需要三個人當見證人，其中一個先寫，然後宣讀、講解，經過遺囑人的認可，這份遺囑就在法律上成立了，錄音和錄影並不是要件。遺囑的真假可能會是其中一個問題，但代筆遺囑最麻煩的地方是見證人。見證人有三位，他們要去見證的不只是被繼承人是否同意遺囑內容、有唸這些文字，他們更需要去見證被繼承人當時的身心靈狀況和精神狀況，觀察他的表達能力是否有問題。當一切都沒有問題，在法律上才會被法官認定這遺囑是有效的，是被繼承人意識清楚、思緒周詳的情況下做的代筆遺囑。因此，實務上通常會建議在訂立遺囑的過程中一定要錄音、錄影，僅有錄音可能都還不夠妥當。

我曾遇過豪門爭產的案件，媽媽過世時是用代筆遺囑的方式，但是當時沒有錄影，只有錄下聲音，所以當要爭產的這一方質疑媽媽的意識狀況不清楚時，用錄音根本沒有辦法確認媽媽的意識狀況，導致之後雙方的紛擾不斷。在製作代筆遺囑的時候，蒐證和準備證據是相當重要的。

五、口授遺囑

《民法》第1195條中有相關規定，遺囑人在生命有危急或特殊狀況之下，無法用其他方式做遺囑，才能以口授遺囑的方式來做遺囑。遺囑人必須要指定兩個見證人，且用口述的方式來述說他的意旨，得由見證人其中一個將它做成筆記，並記載年、月、日，另請見證人同行簽名。口授遺囑的做法是當場講、當場記，跟代筆遺囑是先寫好再請遺囑人確認不同，因為口授遺囑僅限於急迫或生命危急的特殊情形。口授遺囑的第二種狀況是由遺囑人指定兩個見證人並口述意旨，記載年、月、日之後，由見證人全體口述真正遺囑內容及見證人姓名，並予以錄音，當場將錄音帶密封，記載年、月、日，和全體見證人在密封外表簽名。

通常會用到口授遺囑，狀況都是相當緊急的。例如遺囑人可能快過世了，但我們又要在他還剩一口氣的時候確保他死後財產分配能夠清楚。其他方式都還來不及完成，就會利用這種方式訂立遺囑。畢竟文字都來不及寫了，所以才要單純用口述的方式進行。但為了避免日後紛爭，所以口授遺囑會有錄音帶或錄影的部分，要將錄音資料密封。

《民法》第1196條亦有規定，為了避免這種緊迫的情形遭到濫用，當遺囑人有其他方式可以做遺囑的時候，例如當遺囑人急迫的狀況消失後的三個月起，這份口授遺囑將失去效力。這是為了避免有人利用這樣的漏洞拿到口授遺囑，也希望回歸到最嚴謹、最詳實的情形之下，按照法定的方式訂立。

以下分享三個案例故事，看看法院最終如何認定遺囑的效力：

①代筆遺囑 I

基隆有一位母親在生前做了代筆遺囑，她的兩個孩子是一對兄弟。遺囑人表明要把哥哥目前居住的房子在母親過世之後過戶給弟弟，哥哥之後被迫從原來的房子搬走，因而提告，表示代筆遺囑並不是出於母親的真意，因為她當時的精神狀況不佳。弟弟在哥哥提告之後只好釐清，所幸遺囑人在做代筆遺囑的時候全程錄音錄影，法官勘驗後認為當時遺囑人確實是要把哥哥住的房子過戶給弟弟。即使之後兄弟仍然為了爭產糾紛而對簿公堂，法官還是認定代筆遺囑有效。

②代筆遺囑 II

一位知名製作人膝下無子，死後留下一億三千萬元的遺產。既然此人沒有小孩，父母也早就身亡，按照《民法》規定，應該由他的兄弟姐妹來繼承他的遺產。但想不到這個製作人竟然以一份代筆遺囑來說明，要把全部的遺產分配給員工和徒弟們。這份遺囑引起製作人兄弟姐妹的質疑，懷疑代筆遺囑是否真的有效、見證的過程是否有瑕疵？畢竟一億三千萬元是筆不小的金額，於是他們提告到法院。代筆遺囑需要有三個見證人，而這三個見證人都是可受這一億三千萬元遺產分配的員工及徒弟們。換句話說，這就有點球員兼裁判的意味，在場見證人都可以分到錢，這樣的遺囑見證人資格是有問題的。因此最後法院認定，這個代筆遺囑無效。

大家要特別留意，若要做代筆遺囑，不建議讓遺囑內容的受益人做見證人，因爲這會有利益衝突的問題。為了確保遺囑能夠有效成立，建議見證人資格不能和遺囑內容有利害衝突的狀況。

③自書遺囑

一位老翁在生前先寫了一份自書遺囑，表明在死後要把房子過戶給長孫。結果老翁死後，按照《民法》規定，財產應該由老翁的子女共同繼承，但長孫拿著遺囑向親戚聲明房產的所有權，因為爺爺有用遺囑交代。但是老翁的一個女兒，也就是長孫的姑姑，認為爺爺的遺囑裡只有說明把房子過戶給長孫。通常我們提到不動產，指涉的是房子和土地，而房子一定要座落在土地上面，這個姑姑認為爺爺只有想要過戶房子給子孫，並沒寫上土地，所以長孫只能拿房子，不能拿土地，土地還是全體繼承人共同繼承範圍之內。最後家族成員告上法院，法院看過遺囑以後認定遺囑是有效的，按照爺爺生前的真意，爺爺的意思是要長孫永遠為業，也就是把房子當做他的產業。以遺囑的文字敘述應該可以認定，被繼承人是要把土地和房子都交給長孫。文字內容若沒寫清楚，容易導致後輩爭產的糾紛。

2 婚前協議

與遺囑或信託不同，婚前協議在法律上來看只是一份雙方訂定的契約，因此在《民法》的親屬編並未就婚前協議有太多的規定。顧名思義，婚前協議是指在結婚之前就規範婚後雙方的相處狀況，包含婚後生活的資產、婚後生活到離婚之後的財產處置等等，例如住所的位置或家庭分工，像是誰負責洗碗、倒垃圾、洗衣服等等。家庭生活費的負擔、一方對另一方給予的自由處分金也是婚前協議的一環，甚至性事和子女的狀況都能做約定。

婚前協議就文字來看是指婚前約定婚後的相關事項，但是這種契約並不只限於結婚前約定才會發揮效力。如同先前所說，這是法律性質上的一個契約，所以約定的時間點不會因為婚前或婚後才約定而有不同的效力。例如結婚兩年之後才訂定婚前協議，也能針對之後的婚姻生活相關事項進行約定。

婚姻保證類似於一般商務合約的保證事項，或需要履行的義務。結婚之後，大家最怕的就是婚姻生變，或者另一方有外遇的狀況，所以婚前協議常有這樣的約定：如果婚後其中一方有外遇，就要支付另一方鉅額的罰金。這種約定當然有效，但如果約定的罰金過高，或罰金和夫妻雙方的社會經濟地位相比較後不符比例，法院也會依照雙方經濟能力來判斷，調整數額。

另外值得注意的是，若雙方約定的內容有違反公共秩序善良風俗，或者違反其他法律規定，這樣的婚前協議縱使白紙黑字，雙方都有簽名，但是在法律上會被認定為無效。大家可能會好奇，哪些情況會違反公序良俗？最常見的狀況就是，有人會在婚前協議規定每週行房次數，例如規定一週最少要行房五次。雖然結婚以後夫妻行房很正常，但是這仍然會牽涉到性自主的問題，因此婚後性行為在法律上沒有強制力。況且婚姻的組成，性愛只是相對較小或是次要的因素。如果一個人的性需求比較大，而他的另一半則較不重視性愛需求，我想這兩個人也很難相知相守走下去。如果在婚前

協議約定行房次數，這反倒變成婚姻的結果是因為性愛而存在，和婚姻的本質有所衝突。因此涉及性行為的婚前協議，實務上常常會被法院認定違反公序良俗而判定無效。

暗黑親情案例 I——婚前協議中的約定婚姻保證

案例一是一對夫妻在婚前協議中有約定婚姻保證，雙方都保證不會外遇，若有外遇就要賠償對方二十萬元的懲罰性違約金。結果結婚兩年後，老公外遇被老婆抓到，按照婚前協議，老公必須給老婆二十萬元外遇保證金做爲損害賠償。但老婆認爲既然抓到老公偷吃，那麼這段感情也沒有經營的必要，於是選擇離婚。他們是採合意離婚，沒有走到法院判決。當時他們協議，合意離婚後前夫每個月需給付兩萬元的贍養費，做爲離婚的和解條件。這時就遇到一個狀況，婚前有一個外遇的違約保證金二十萬，但是雙方又有對離婚的贍養費達成協議，每個月兩萬塊。於是丈夫質疑，離婚的條件是每個月給付兩萬塊，婚前契約裡提到的外遇賠償二十萬應該算在和解範圍內，不能算在婚前協議的違約賠償裡。妻子認爲婚前協議明明就寫清楚若是外遇就要賠償二十萬，怎麼能用離婚協議包含在婚前協議的和解範圍之內？

關於案例，律師這樣說

法院最終認定婚前協議就是婚前協議，離婚協議則是另一段法律關係的規範內容。換句話說，按照法院的實務見解，妻子可以先依婚前協議拿二十萬，再按照之後的離婚協議每個月拿兩萬塊的贍養費。

暗黑親情案例 II——自由處分金

有對夫妻的婚前協議內容洋洋灑灑，但所有條件都對老公不利。食衣住行、育樂、保險和醫療等費用都是由老公全數負擔，而且老公每個月還要給老婆自由處分金，家用的部分不得低於三萬塊。婚姻持續了三年，這段期間老公支付了四百萬左右。法官檢視、審閱雙方所簽的婚前協議，發現所有的費用開銷都是老公出，所有的自由處分金也是老公在支付。法官認定結婚本來就是要互相扶持，互相經營生活，但這個婚前協議全都由一方來負擔處理，明顯過苛。

關於案例，律師這樣說

違反公共秩序和善良風俗，這是一個非常抽象的概念，律師在法律的攻防之下是有空間介入，但是要利用抽象的空間幫助受害者，或是為了簽訂不平等條約之一方爭取權利、主張婚前協議無效，需要更多的證據。例如在這個案例裡，律師可能要想辦法證明老婆在婚後無所事事，把老公當提款機，從未負擔家務。

婚前協議在法律上有一定的保障，若是要用違反公序良俗的原則來推翻協議內容，當事人就要花費更大的功夫來完成舉證責任。**在簽署婚前協議時必須慎重，不可被愛情沖昏頭、不加思索地簽立文件。婚前協議可能會涉及一些法律效益的問題，建議各位在簽訂這些協議之前，可以私下去找律師（專案的律師或家事案件的律師），多了解相關的權利義務歸屬情形**，以確保婚後的生活能夠美滿、順利。

3 夫妻財產制

夫妻財產制主要可以分成三種狀況，法定財產制、約定財產制（共同財產制及分別財產制）。

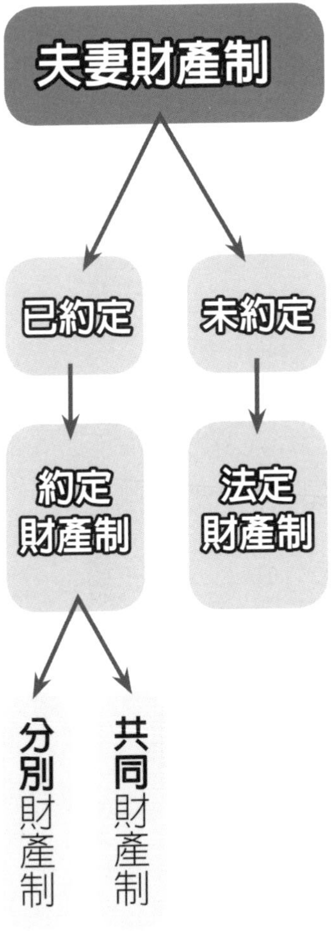

一、約定財產制

約定財產制可以分為兩種，一是「共同財產制」，另一是「分別財產制」。

①共同財產制

共同財產制之下的財產分為共同財產和特有財產。

- 共同財產：指夫妻公同共有，約定的共同財產，雙方都是擁有持分的所有權人，權利都是一樣的。
- 特有財產：針對特定財產約定其所有權各自所有。

②分別財產制

分別財產制相對比較簡單，它的種類只有分別財產一種。換句話說，這些財產的所有權是各自所有，管理也是各自管理。

二、法定財產制

如果夫妻沒有約定任何財產分配的細節，原則上採用法定財產制。法定財產制認定的財產是以時間點為準，可以區分為婚前財產和婚後財產。夫妻在結婚後所取得的財產和婚前所獲得的財產，在法律上都有不同的認定，但中間會有些例外。

關於夫妻財產制的三種狀況

①共同財產制

在約定財產制裡的共同財產制之下，共同財產會拿來做夫或妻的債務清償。例如丈夫在外積欠債務，法律上就會用共同財產及丈夫的特有財產來負連帶的清債責任。但是妻的特有財產和丈夫的是劃分開來的，這部分的財產不必拿去償債。另外，在關係消滅時，夫妻訂立財產之前的共同財產是各自取回，訂立財產之後的共同財產則是平均分配。這只是一個大概的原則，家庭生活費用是依據其經濟能力、家事勞動金來分擔。

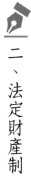

②分別財產制

而在分別財產制之下，不論是所有權或是管理責任都是各自管理，債務清償責任也是各自清償自己的債務，相對單純。家庭應該是共同組成的，經濟上應該會互相包容，夫妻採分別財產制似乎就像男女朋友一樣，但每個人處理財產都有自己的需求。

③法定財產制

法定財產制之下，婚前財產和婚後財產的所有權也是一樣各自所有，管理也是各自管理，但在婚後可能會遇到保全措施和債務清償責任的議題。法定財產制的保全措施部分，夫妻任何一方如果有詐害剩餘財產請求權的時候，他方則得以向法院聲請撤銷其所為的詐害行為。舉例來說，雙方結婚的時候沒有約定任何財產制，就會按照法定財產制去做財產上的分配。法定財產制規定夫妻婚後財產剩餘的部分，差額應該要平均分配。如果今天老公在婚後累積的財產為一億，而老婆在婚後累積的財產是兩千萬，老公和老婆婚後財產的差距是八千萬。若雙方離婚了，老婆賺得比較少，她可以跟老公提出剩餘財產分配請求權，要的金額是差額的一半，也就是四千萬。

反應比較快的讀者可能很快就聯想到，如果老公今天把錢藏起來，聲稱自己的財產只剩下五千萬，他和老婆的財產差距就是三千萬。老婆能請求的金額自然只剩三千萬的一半，換言之就會有高達三千萬請求上的損害。為了避免作弊的情形，《民法》規定在婚姻關係存續當中提到，如果夫或妻的一方為了詐害對方的剩餘財產權，例如藏匿財產或是把錢偷偷放進別人的戶頭等等，都可以向法院聲請撤銷這樣的作弊行為。

至於債務清償，法定財產制之下夫妻之間應該就各自的債務各自對外負清償責任。換句話說，夫債夫償，妻債妻償，夫債不會由妻來償，妻沒有為夫償債的義務。家庭生活的費用除了法律或契約之外另有規定，不然夫妻應該各自依其經濟能力以家事勞動或其他情事來分擔。家庭費用的分配並不是一種「定值」，例如說平均或三分之一，而是按照經濟能力去做一個彈性的劃分。

此外，自由處分金是法定財產制特有的制度。台灣有些家庭仍有男主外女主內的狀況，女方為了要照顧家庭和小孩，把原本職務辭掉而成為全職的家庭主婦，但是家庭主婦沒有支薪，十分沒有保障，因此法定財產制有關於自由處分金的特殊規定。夫妻在生活費用之外，每個月可以協議一定的金額，供夫或妻自由處分，此為自由處分金。這有點類似每個月做家庭主婦的對價，以自由處分金的方式支付薪水等等，給家庭主婦多一點保障。

關於夫妻財產制，律師這樣說

以下要和大家分享研究夫妻財產制的幾個重點：

第一點是夫妻可以在婚前或婚後，以契約約定或使用共同財產制或分別財產制向法院登記，如果沒有登記的話，一併都是使用法定財產制。若有約定共同財產制或分配財產制，必須向法院登記，不是兩個人之間寫一份協議就會發生法律效力。若未完成財產制登記，則會直接適用法定財產制。適用法定財產制的夫妻，應該要去確認婚前財產或婚後財產的範圍，例如嫁妝和贈與行為是在婚前的財產範圍之內，至於不動產是以購入的登記時間點做為財產認定，而動產則是以交付的時間點來認定。如果無法證明是婚後財產或是婚前財產，法律就會推定為婚後財產。舉例來說，家中的電視機沒有發票或支出證明，法律會推定是夫妻共有。但當然也有機會推翻這樣的認定，如果夫妻一方可以拿出證明說電視機是從自己信用卡扣款的，卡費也是由他所繳的，那就可以證明電視機的財產所有權是某一方的。

第二點是婚前財產衍生的資金應該列為婚後財產的範圍，例如婚前股票所產生的紅利，應該列為婚後財產。但有另一種狀況，婚前買的房子在婚後賣掉，拿這筆錢又在婚後買了一棟新的房子。按照上述的原則，我在婚後買的房子應該算是婚後財產，但我明明使用婚前財產的變價，獲得價金買了這個婚後財產，因為時間關係而變成婚後財產，似乎有點不合理。因此《民法》規定，如果是使用婚前財產去取得婚後財產，像這房子還是會被列為婚前財產的範圍，不會列入剩餘財產請求權的計算基礎。

第三點是自由處分金的訂定方式。在約定自由處分金的時候，建議以書面方式為之。雖然口頭訂定已經有法律效力，但是留下書面資料才可以在日後舉證時避免一些麻煩。而且書面內容一定要盡量詳實，例如是否會因為情事變更而減少數額、增加數額，或保留彈性空間，約定務必詳實清楚，避免未來產生爭議。

第四點則是婚後財產的分配。婚後財產在法定財產制消滅之後，應就剩餘財產做分配，夫妻各得二分之一。但如果這個直接除半的結果，對一方特別不利的時候，得請求法院調整或免除。舉例來說，如果夫妻有一方好吃懶做，另一方則非常努力在持家養家，好吃懶做那方對家庭實在沒有貢獻。我們可以請求法院予以調整剩餘財產分配權，而不是以二分之一做認定，甚至在嚴重的狀況下可以免除，才能維持事實上的公平。此外，如果夫妻一方在婚姻存續關係中有脫產、不當處分財產的動作，有侵害未來財產分配的狀況，不論這樣的作弊行為是有償還是無償的，例如賤賣豪宅或把財產贈與給人頭，受損害的他方都可以向法院聲請撤銷，藉以保全剩餘財產分配。

另外，夫妻在離婚或是法定財產制消滅之後，婚後財產扣除和婚姻貢獻無關的（如繼承、贈與，或是收到慰撫金），所剩的財產為剩餘財產，剩餘財產應該由夫妻平分。法定財產制消滅之後，夫妻可改用其他財產制。舉例來說，夫妻一開始沒有約定財產制為何，所以被推定成法定財產制，但在婚姻存續的期間我們可以去改成分配財產制或共同財產制。舉個例子，之前遇過有台商在大陸另起爐灶，妻子為了避免剩餘財產被掏空，所以向法院聲請分別財產制，避免丈夫作弊，提前將財產作分配，保護她自己的權利。剩餘財產計算是以法定財產制消滅時為基準，消滅有兩種，一個是離婚，另一個是終止而改用其他財產制。還有第三個是死亡的時候，它的效果和離婚一樣，因為在死亡的時候，婚姻關係就不再持續了。計算剩餘財產時要追加計算前五年的處分財產，納入分配。換句話說，如果老公今天有作弊的行為，那只能往前追到五年，不能沒有限度地往前追。

還有一點值得注意，剩餘財產請求權為一身專屬權，是沒有辦法轉讓的，也不能由別人代位。以前大家可能常常聽到，老公在外欠債，討債集團跟老婆說夫債妻還天經地義。在修《民法》相關規定之前，討債集團（債權人）會以先生的名義，代位向太太聲請改定財產制，把原本的共同財產制改定為分別財產制。法定財產制消滅了，夫妻就要去分配剩餘財產，那丈夫欠錢一定代表丈夫沒錢，但丈夫是被代位的人，因此討債集團就可以用這樣的方式跟老婆要錢。透過法律明文規定實現夫債妻還，這種光怪陸離的狀況一直發生，所以後來有特別修法，剩餘財產權屬於一身專屬權，不得轉讓也不能代位。

至於夫妻約定財產分配時要選擇共同財產制還是分別財產制，這可以視個別需求來運用。共同財產制的部分可以選定哪些東西來當共同財產，或是只有勞力所得來當共同財產，其餘的部分還是可以做分別財產制。

以下跟大家分享一個例子。有位工程師丈夫拚命賺錢養家，太太婚後對家庭的貢獻不多。男方一人的收入年薪約兩百多萬，但在工作時過勞，壯年的時候就得了重病。想不到「夫妻本是同林鳥，大難臨頭各自飛」，丈夫出院以後就面臨到妻子的離婚訴訟，而且妻子還向法院請求剩餘財產分配。按照法律規定，剩餘財產應該是夫妻均分，但考量雙方對家裡的貢獻，經濟上的支持顯然有相當的落差，法官認為若是按照法定比例計算對男方顯失公平。最後判決，原本太太可以拿到的部分只剩40%。以上就是夫妻財產制的簡單計算。

【夫妻財產制種類】

比較項目		財產種類	所有權	管理權	保全措施	債務清償責任
法定財產制		婚前財產與婚後財產	各自所有	各自管理	婚姻關係存續中夫妻一方所為詐害他方剩餘財產分配請求權之行為，他方得聲請法院撤銷	夫妻各自對其債務負清償責任
約定財產制	共同財產制	共同財產與特有財產	共同財產：公同共有 特有財產：各自所有	共同財產：共同管理 特有財產：各自管理	無	由共同財產及夫或妻之特有財產連帶負責
	分別財產制	夫妻分別財產	各自所有	各自管理	無	各自對其債務負清償責任

財產制關係消滅時之處理	夫妻婚後財產剩餘部分之差額應平均分配，婚後財產較少之一方有剩餘財產分配請求權	訂立財產制契約前取得之共同財產：各自取回訂立共同財產制契約後新增之共同財產：原則平均分配	無
家庭生活費用負擔	除法律或契約另有約定外，由夫妻各依其經濟能力、家事勞動或其他情事分擔之	除法律或契約另有約定外，由夫妻各依其經濟能力、家事勞動或其他情事分擔之	除法律或契約另有約定外，由夫妻各依其經濟能力、家事勞動或其他情事分擔之
自由處分金	夫妻於家庭生活費用外，得協議一定數額之金錢，供夫或妻自由處分	無	無

4 信託

信託法第1條明訂：「稱信託者，將委託人財產權益移轉為或其他處分，此受託人為信託本質為受益人之利益，或特定之目的，處理或處分信託財產之關係。」我們可以把信託視為一種關係，把一個東西委託給其他人（稱作A），由他來管理、處分，或是受益。例如我把家裡的一隻雞信託給A，雞需要有人飼養，但雞會生雞蛋，雞養肥了之後也可去市場賣。我不想親自經手這些事情，所以找了專業的A來處理。至於雞蛋或把雞賣掉得到的錢，就稱作價金，信託時特別規定這個錢應該要怎麼使用。信託標的只限於財產，不能把人信託出去。商務上信託的應用有非常多的形式，以下介紹四種形式：安養信託、遺囑信託、子女保障信託和保險金信託。

一、安養信託

近年來有個很流行的說法叫「以房養老」，以信託的概念來說，比較近似於安養信託。現在詐騙案件頻傳，從接到陌生的電話，聽到「媽媽救我」這種詐騙手段，到後來靈骨塔、骨灰罈、生前契約的詐騙案件愈來愈多。很多老人名下有不動產，常常成為詐騙集團覬覦的對象。詐騙集團不限於陌生人，在你我週遭的生活中，很多親友也是詐騙集團。他們看到老人有財產，就想盡辦法用各種名義把這些財產變現、把錢掏出來。人在老年的時候，思緒可能無法像年輕時那麼周全，所以常會發生被誤導或被情感影響的情況。

為了避免碰到詐騙集團結果晚年財產不保，所以市場上有一種產品稱作「安養信託」。這種信託大部分都是以不動產做擔保，把不動產信託給銀行，銀行就會在抵押權上做設定。假設長輩的不動產價值兩千萬，但他每個月的日常花費只有兩萬塊，那安養信託就會每個月固定撥兩萬塊到他的戶頭裡面。換句話說，他名下有房子，但是他把房子信託給銀行了，所以這個房子誰都動不到。因為房子是他自己的，所以不需要繳房租，但也能有一些錢供日常生活使用。死亡之後，銀行就會結算房子價值和已撥的款項，計算相關利息費用互抵之後，剩下的錢就是長輩留下的遺產。如此一來，讓長輩用自己的財產照顧自己，剩下的錢才能讓繼承人拿到，避免日後晚輩對於遺產或是扶養費用產生爭執。

二、遺囑信託

遺囑信託結合兩種情況，前提是要先成立有效的遺囑，再來成立信託，才會完成一個遺囑信託關係。遺囑成立之後，還要有一個遺囑執行人，在被繼承人死後執行遺囑的相關內容。遺囑信託的方式是在死後才來執行信託，和安養信託的方式不太相同。以房養老的方式是被繼承人在生前就將財產做信託，遺囑信託則是在死後才利用遺囑把財產拿去做信託。遺囑的部分有一個遺囑執行人，信託的部分也會有一個信託監察人。遺囑信託可以找銀行，也可以找律師或會計師等專業人士來做。

相較於前面講到的安養信託，願意承做遺囑信託的銀行比較少，因為後續的糾紛比較多。要成立遺囑信託一定要先成立遺囑，但遺囑的有效與否常常是個爭執點。許多狀況是信託還沒有開始的時候，家族成員已經吵翻天，例如遺囑的形式有沒有符合法律規定，都會牽涉到法官判斷遺囑是否有效的認定。而在信託之後還會有很多的費用，例如和銀行簽約會有簽約金，每年還會有年費，一年的年費大約0.2％到1％不等，且須按照信託的金額繳納利息。銀行為了賺取後面的簽約金和年費，花了很多成本安排這種信託，但卻容易發生很多突發狀況，像是遺囑不能成立、遺囑信託效力被其他繼承人挑戰等等，導致銀行承接信託的意願比較低。

遺囑信託在世界各國也十分流行，因為常常會有爭奪遺產的情況。如果被繼承人能用遺囑的方式，把財產做信託，遇到特定的狀況再來把遺產做分配，就可以避免家人在身後對簿公堂。我們舉一個例子，一對夫妻生有一對兒女，兩人離婚之後由太太獨立扶養兩個小孩。太太非常努力工作，累積了一億元的資產，但由於工作過勞而生病，後來癌症末期子女都尚未成年。這位媽媽很擔心自己死後子女沒人照顧，因為接下來照顧的人是孩子的外公外婆，但是他們年紀也很大了。於是她從自己的遺產裡撥了五千萬，以遺囑信託的方式每個月撥付款項給子女，讓他們能夠得到良好的照顧，也避免子女在她過世後因為突然繼承一大筆財產遭人設計。

三、子女保障信託

子女保障信託和遺囑信託的方式不同，它是父母生前就規劃，把相關財產信託，避免自己突然死亡或財產遇到狀況侵害到子女的權益，把財產定期定額分配給子女。這麼做的原因有一部分是為了節稅。在我國繼承遺產就必須繳納10%的遺產稅，如果採用贈與，超過一定金額的生前贈與也要繳納10%的贈與稅。我國法律規定每年可有贈與稅額兩百二十萬。換句話說，如果每一年的贈與在兩百二十萬以下，就不必課徵贈與稅。子女如果有結婚或嫁娶的狀況，父母額外有一百萬元的稅額，可以當做免課稅的範圍。這些稅額都是以父或母單獨來計算，因此若是父母合併計算，贈與稅額即為四百四十萬，嫁妝聘金則會是兩百萬，總計六百四十萬贈與稅額。若有超過這些稅額的高額遺產要分配，建議可以利用子女保障信託做事先規劃。

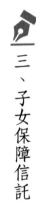

子女保障信託也可針對子女的教育支出彈性調配。例如父母若是一次給在外留學的子女一大筆錢，難免擔心子女會把這筆錢拿去賭博或是揮霍。因此有些人以子女保障信託的方式，定期定額給小孩生活花費，或讓他們憑支出單據才能和信託監察人申請款項，藉以避免子女領取大量金錢的時候會不當使用。

四、保險金信託

現代人購買保險愈來愈普及，很多人在生前就有保險規劃。如果有買壽險或是意外險，死亡的時候就會有保險金給付。保險金的給付分為約定受益人跟沒有約定受益人兩種。在沒有約定受益人的情況下，該筆保險金就會被認定是被保險人的遺產，但是若有指定受益人，就不會被認定是遺產。如果受益人是未成年子女，為了確保保險金不會被未成年子女的監護人濫用，可用保險金信託的方式來處理。保險金會以定期定額或是專款專用的方式來撥付，不會一次撥付給未成年子女的監護人。

暗黑親情 家家有本難念的經！最親的人傷得最深？面對家庭的痛，聽聽律師怎麼說

面對以親情為名的各種情緒勒索，逆轉勝律師幫你反轉人生！

作　　者　劉上銘
顧　　問　曾文旭
社　　長　王毓芳
編輯統籌　耿文國、黃璽宇
主　　編　吳靜宜、姜怡安
執行編輯　吳佳芬
美術編輯　王桂芳、張嘉容
特約編輯　郭怡方
文字校對　菜鳥
封面設計　阿作
法律顧問　北辰著作權事務所　蕭雄淋律師、幸秋妙律師

初　　版　2020年07月
出　　版　捷徑文化出版事業有限公司
電　　話　（02）2752-5618
傳　　真　（02）2752-5619

定　　價　新台幣350元／港幣117元
產品內容　1書

總 經 銷　采舍國際有限公司
地　　址　235 新北市中和區中山路二段366巷10號3樓
電　　話　（02）8245-8786
傳　　真　（02）8245-8718

港澳地區總經銷　和平圖書有限公司
地　　址　香港柴灣嘉業街12號百樂門大廈17樓
電　　話　（852）2804-6687
傳　　真　（852）2804-6409

▶本書部分圖片由freepik圖庫提供。

國家圖書館出版品預行編目資料

暗黑親情：家家有本難念的經！最親的人傷得最深？面對家庭的痛，聽聽律師怎麼說/ 劉上銘著.
-- 初版. -- 臺北市：捷徑文化, 2020.07
面；　公分（心纖系：022）
ISBN 978-986-5507-14-5(平裝)
1.親屬法　2.家事事件法　3.個案研究
584.4　　108022699